COLLECTION FOLIO

Hélène Dorion

Pas même le bruit d'un fleuve

Gallimard

© *Hélène Dorion et les Éditions Alto*, 2020.
© *Le mot et le reste*, 2022, pour l'édition européenne.

Depuis la parution de son premier livre jusqu'à l'obtention en 2019 du prix Athanase-David, plus haute distinction accordée par le gouvernement du Québec en littérature, Hélène Dorion, née en 1958, a fait paraître plus de trente-cinq ouvrages. Poésie, romans, récits, essais, ses livres sont publiés dans une quinzaine de pays et lui ont valu de nombreux prix littéraires décernés au Québec et en Europe. Avec son recueil de poèmes *Mes forêts,* Hélène Dorion est la première femme vivante et la première Québécoise au programme du baccalauréat de français.

Combien de jours vivrons-nous ?

La question est aussi brutale qu'incongrue. Si on l'esquive, les années peuvent s'égrener sans qu'on les voie. À la fin, il ne resterait alors que des heures qui ont glissé comme l'eau d'une rivière rejoint le fleuve, rejoint la mer, et ne laisse aucune trace de ce passage.

Je ne crois pas que ma mère se soit jamais posé cette question. Chaque jour semblait pour elle un exercice de survie. Entre les moments où je la voyais accomplir les tâches de la maison, ceux où elle paraissait joyeuse avec ses amies, et les autres où, avec mon père, c'était la guerre, il lui arrivait de s'arrêter, de fixer le vide comme un ailleurs qui l'aspirait. Si j'essayais alors de lui parler, je butais contre son absence. Le visage de Simone me devenait étranger, ce n'était plus ma mère qui était là, mais une inconnue. Encore aujourd'hui, je ne peux dire que je connais toute l'histoire. Mais sait-on jamais la vérité entière de nos parents ?

KAMOURASKA, 1949

VIVRE, C'EST SUIVRE LES TRACES DE L'ENFANT QU'ON A ÉTÉ

À cette hauteur du fleuve, l'horizon est sans rivage. On peut dire *la mer*. Ici, les tempêtes nous dérobent le ciel, et parfois même nos rêves.

Comme des arbres, dont les branches sont d'inextricables enchevêtrements, poussent en emprisonnant d'autres arbres, chaque histoire se fraie un chemin entre la vie et la mort. On n'en devine jamais toutes les racines et les points de vacillement qui font qu'elle casse. Ou bien elle ne casse pas et se rapproche des étoiles qui l'éclairent légèrement. Nous ne sommes pas très différents de ces forêts clairsemées d'arbres hauts semblables à des amas d'ossements qui défient le ciel, mais peuvent d'un moment à l'autre se disloquer.

Nos racines courent sous le sol, invisibles, impossibles à déterrer toutes. On peut essayer d'en arracher une, espérer qu'elle nous mènera vers une autre qu'on pourra dégager, elle aussi, et ainsi de suite jusqu'à ce qu'on perçoive un sens à cette histoire qu'on appelle *notre vie*.

Simone s'avance sans hésiter dans l'eau glacée. Elle sait qu'il n'y a pas de seuil, on n'y pénètre que brutalement, ses pieds s'enfoncent dans le sable froid, elle affronte les premières vagues et avance encore, jusqu'à ce que l'eau atteigne ses hanches. Alors elle plonge. Ce n'est qu'après un long moment qu'elle émerge à la surface pour respirer.

Combien de temps dure une nuit ? se demande-t-elle en se laissant glisser dans l'eau sombre. Rien ne fait peur à ceux qui ont tout perdu. La mer devient une cage d'obscurité. Mais Simone ne craint ni le froid ni le noir qui durera peut-être. Bientôt ses mains toucheront les algues et la boue, elle descend encore et croit retrouver le tableau accroché dans le salon de la maison familiale qu'elle regarde si souvent, persuadée que cette œuvre, *Le Rêve des profondeurs*, lui apprend à mieux voir, à mieux saisir les mouvements de la vie contre lesquels elle se débat, les formes qui se dissolvent et en recréent aussitôt de nouvelles – c'est donc ainsi que l'on peint, ainsi que l'on doit vivre, se dit-elle en fixant le vaste désespoir qui se déplace en elle et avale lentement tout le bleu.

Simone aime ces instants où elle sent son corps s'engourdir. Puisque l'eau ne connaît pas le temps, il cesse alors de s'écouler. Elle ferme les yeux et synchronise machinalement le mouvement de ses bras à celui de sa tête qui se tourne tantôt vers la droite tantôt vers la gauche, elle respire au moment où son bras passe juste au-dessus des eaux et revient claquer contre les vagues.

Elle nage, et tant qu'on nage, se dit-elle, on ne peut pas se noyer. Elle aime sentir que chaque séquence éloigne un peu plus les pensées, car on ne pense pas lorsqu'on nage, il y a trop de mondes – celui du tumulte et de la beauté, celui du vide qui happe et du plein qui soutient –, trop de mondes pour que celui de la pensée puisse s'immiscer.

Combien de temps dure la nuit ?

La marée est haute, les vagues fortes. Mais Simone ne les voit pas, elle nage, ses jambes marquent une cadence régulière, et lorsqu'une vague survient au moment où elle ouvre la bouche pour respirer, elle recrache sans effort l'eau salée qui goûte les larmes, goûte ce vide qu'aucune mer ne pourrait noyer. Elle nage – il n'y a pas de rive à atteindre, se dit-elle, c'est bon d'être un moment libéré, de ne plus lutter contre les courants qui font basculer, d'agiter les bras et les jambes sans réfléchir, et de s'en remettre à l'aiguille du temps qui tourne, quoi qu'il arrive. À moins que ce soit cela, vivre, entrer dans le courant sans contourner les récifs et les hauts-fonds, sans éviter les pierres que la marée aura tôt fait de projeter sur la grève ? Le ciel est parfois une consolation, lorsque aucun oiseau noir n'en raye la surface, ce bleu devient un refuge auquel la terre se raconte, et

parfois elle paraît attendrie
qu'on l'écoute si bien,
alors elle montre sa vie
et ne dit plus rien.

Simone lève la tête. À travers le brouillard léger qui frissonne au-dessus des eaux, elle croit apercevoir quelque chose, une barque ou peut-être un rocher, un de ces rochers difficiles à percevoir et qui écorchent les coques des bateaux téméraires.

Vers quelle île suis-je en train de dériver ? se demande-t-elle. Une île où l'on n'existe plus vraiment, où l'on cherche un point de clarté au milieu de la nuit, une source vers laquelle on est ramené, un rivage qui pourrait être un début du monde ou de notre propre existence, le rien qui cogne sur le rien et engendre des millénaires, quelques atomes au creux du néant, et cela suffit pour que la vie commence.

Elle ferme les yeux, arrête le mouvement de ses bras, comme pour voir si la bonté de l'eau saura la porter. Peut-elle flotter en ignorant d'où vient le vent et où vont les marées ?

Allongée sur le dos, les bras en croix, ouverts comme des voiles légères à la surface de l'eau, la tête immergée, Simone n'entend plus que le bruit sourd du monde. C'est le son des souvenirs, des voiles déchirées, des mâts cassés, les vagues trop hautes qui broient les navires. Elle se met à réciter spontanément un poème qu'elle a recopié dans un cahier :

Homme libre, toujours tu chériras la mer !
La mer est ton miroir ; tu contemples ton âme
Dans le déroulement infini de sa lame,
Et ton esprit n'est pas un gouffre moins amer.

Le courant l'emporte vers le large, ou bien ce sont les nuages qui coulent dans un fleuve embrouillé, une architecture mouvante, des oiseaux qui planent comme des épaves dans un ciel d'orages et de ruines.

Que ressent-on, se demande-t-elle, quand l'eau pénètre par le nez, qu'elle emplit les yeux, s'immisce et descend dans l'estomac, que ressent-on quand elle glisse dans tout le corps et l'étreint jusqu'à l'étouffer ? À quel moment sait-on qu'il est trop tard, qu'on ne peut plus revenir ? Et comment imaginer que ce fleuve tantôt encore grandiose devient soudain un poison dans la bouche de ses victimes ?

Simone s'abandonne à ce paysage incertain, mais une vague plus forte la fait basculer. Lorsque son corps se met à couler vers l'obscurité, elle se cambre, d'un coup de reins elle remonte et se retourne sur le dos. Les yeux ouverts, elle regarde le ciel rempli d'écume, se dit que la nuit ne finira pas, le son des souvenirs viendra la percuter encore longtemps. Ce ciel n'a rien d'une promesse. Simone ne sent plus ses bras, plus ses jambes, elle se laisse dériver en espérant échouer sur un écueil.

MONTRÉAL, 2018

RETOURNER CHEZ SOI
(LÀ OÙ ON RACONTE SA CHASSE, SA COURSE, SA CUEILLETTE, SON ORIGINE)

J'ai toujours détesté l'odeur du chlore. Quand j'étais enfant, mes parents m'obligeaient à suivre trois fois par semaine durant tout l'été des cours de natation qui commençaient à 7 h 30 du matin. Je grelottais déjà en arrivant à la piscine du quartier. Ces jours-là, je me réveillais avec la nausée, incapable de manger quoi que ce soit avant d'enfourcher mon vélo, chancelante, terrorisée à l'idée de devoir me glisser dans cette eau encore chargée du froid de la nuit. Je devais apprendre à flotter, à nager sur le ventre, sur le dos et sur le côté, à battre des jambes et des bras ou à les étirer le plus loin possible pour les ramener lentement, en maîtrisant ma respiration pour la coordonner avec les mouvements de mon corps. Au milieu de l'été, un cours entier était consacré aux manœuvres de sauvetage. C'était le pire des matins. Durant des heures, la monitrice faisait semblant de se noyer, et tour à tour chaque enfant devait sauter à l'eau pour essayer de la libérer de l'étreinte meurtrière qui, en d'autres circonstances, aurait vraiment pu être fatale. La nuit suivante appartenait aux cauchemars. Je voyais ma mère au large, elle agitait les bras dans tous les sens, et moi je restais immobile sur le quai, mes pieds s'étaient transformés en de longues racines qui se nouaient aux planches de bois. Ou bien c'était moi qui étouffais sous le poids de l'eau se refermant au-dessus de ma tête. Je sentais la force du courant qui m'aspirait vers le fond, de petites bulles d'air dessinaient des figures étranges en jaillissant de ma bouche, puis tout devenait noir.

Chaque fois qu'un effluve de chlore monte à mes narines, ces horribles matins d'été reparaissent dans ma mémoire. Ils ramènent les images de mon corps qui s'enfonce dans un gouffre jusqu'à toucher un fond rugueux. J'ai les yeux fermés, la bouche au bord de s'ouvrir, mon cœur se met à battre si fort que je pourrais bien ne plus pouvoir remonter à la surface et rejoindre cette lueur qui semble si loin, c'est à peine si je peux percevoir un scintillement, une trouée de lumière par laquelle je pourrais m'arracher au prédateur.

Un jour j'ai vu ma mère entrer dans la mer comme si elle enlaçait un corps aimé, comme si les coups violents des vagues contre ses hanches étaient ceux d'un amant auquel elle s'abandonnait. Pour elle, l'eau n'était pas glaciale, le soleil ne brûlait pas sa peau. Le vent balayait ses cheveux, révélait la beauté de ses traits et la forçait à ancrer ses pieds plus profondément dans le sable. Son regard cherchait-il quelque chose au bout du vide, attendait-elle que la mer rejette des débris reparus à la surface comme le son des souvenirs ? Alors, ma mère redevenait pour moi une inconnue. Après un long moment, Simone se retournait et revenait vers la plage, la figure mouillée de larmes et d'écume, le corps exténué, rompu par un étrange affrontement avec elle-même.

On ne connaît sans doute jamais tout à fait les visages les plus proches. Ils demeurent pour nous des énigmes, malgré les années qu'on a partagées avec eux dans une intimité qui ne sera peut-être jamais recréée. Les êtres présents depuis notre naissance, ceux qui ont accompagné nos premiers pas, nos premiers mots, nos premières chutes aussi, restent des mosaïques inachevées.

À certains moments, on arrive peut-être à saisir quelques fragments qui préciseront telle partie de la figure, en modifieront une autre. Leurs visages, effacés à mesure qu'on s'approchait d'eux, commencent alors à se dessiner un peu plus nettement, on entend monter le murmure de leur vie dont ils avaient camouflé les fils et les nœuds, dissimulé les ombres lourdes et tenu les portes à moitié fermées. On entend l'infini balancement de leur monde jusqu'au nôtre, comme une marée ramenant avec elle des morceaux ignorés de notre propre histoire, la houle d'événements qu'on ne soupçonnait pas. Et parfois, des visages étrangers remplissent quelques-unes des brèches par où fuyait le sens de cette figure à la fois simple et complexe – un père, une mère – qui nous a fait naître.

La morsure du doute, le fond des choses à creuser – puis-je attraper la part manquante d'une vie abandonnée comme la carapace ancienne d'un crabe qui a dû muer pour continuer ?

LE MONDE DE L'ENFANCE
EST UNE NACELLE SUSPENDUE
À L'ATTENTE QU'ARRIVE
QUELQUE CHOSE

Les moments où ma mère restait assise, silencieuse, et semblait perdue dans ses pensées, je n'imaginais pas qu'elle puisse souffrir. Il y avait tant d'autres moments où elle parlait, riait, s'agitait dans tous les sens pour terminer une chose ou en commencer une autre, je ne pouvais deviner que, bien avant ma naissance, une bombe avait éclaté en elle. La douleur s'était propagée dans son cœur, son ventre, sa tête et son regard, et n'en était jamais ressortie.

Un jour, ma mère m'a dit : *Si tu ne pleurais pas, Hanna, j'oubliais de te donner à manger !* Sur le coup, j'ai trouvé ça amusant, elle voulait sûrement me signifier combien j'étais sage, mais aujourd'hui, je ne sais pas. Quelle maison, quelle vie habitait-elle alors ?

Simone s'efforçait seulement de survivre, de traverser les jours en accomplissant ses obligations de mère de famille, ses devoirs d'épouse, et en assumant ses responsabilités de fille et de sœur. Aujourd'hui je crois qu'elle n'avait qu'une hâte : rejoindre le bout de sa route. Mais je ne me le disais pas. Je ne pouvais ni ne voulais le voir.

Alors, quand elle a dû faire face à sa mort, elle n'a pas essayé de la repousser. *Prolonger sa vie*, il n'en a pas été question. Elle a bien eu un sursaut de colère, quelque chose comme un léger mouvement de révolte, un dernier regard sur les instants heureux, les êtres chers, la beauté du ciel au petit matin, quand elle se levait avant les autres pour aller contempler par la fenêtre le jour qui venait, mais rien qui aurait pu la retenir, pas même de tristesse pour l'inciter à retarder le moment de partir.

Dès qu'elle a rencontré le médecin, Simone a été claire : *Ne faites rien pour prolonger ma vie.* J'étais avec mon amie Juliette dans la chambre d'hôpital quand ma mère a prononcé cette phrase. J'avais du mal à croire qu'elle ne voulait rien tenter, que rien ni personne ne lui donnait envie de rester quelques mois ou quelques semaines de plus, si c'était possible.

Quand elle est rentrée à la maison, je lui ai proposé d'aller à Kamouraska, je savais combien elle aimait le paysage de mer où elle avait vécu sa jeunesse. Bien sûr elle n'en parlait pas, jamais elle n'évoquait le passé, c'est mon père qui longtemps a comblé les trous de l'histoire – *Qu'est-ce qu'il faisait déjà, mon grand-père, comme travail, Adrien, tu t'en souviens, toi ?* –, racontant les étés au bord du fleuve dans ce village où se retrouvaient leurs amis, c'est ainsi qu'ils se sont connus, qu'ils ont commencé à se fréquenter, ma mère et lui.

Simone semblait avoir oublié tant de choses de sa propre vie, mais elle ne voulait peut-être pas se souvenir.

Elle a refusé de retourner à Kamouraska. Je lui avais proposé qu'une infirmière nous accompagne pour la rassurer. J'aurais loué une voiture spacieuse et confortable, on aurait pris la route des Navigateurs qui longe le fleuve. Déjà, en traversant le pont de Québec, elle aurait vu Lévis, cette ville où elle avait détesté demeurer lorsque Adrien avait fait faillite et qu'il avait dû vendre leur appartement luxueux de Sainte-Foy. Pour une femme de la Haute-Ville et des milieux bourgeois de Québec, habiter sur la Rive-Sud, c'était une honte, elle en a tellement voulu à mon père de l'avoir obligée à vivre dans un lieu *ni ville ni banlieue*, et comme elle l'a détesté, cet appartement de quatre pièces donnant sur un parking dont l'éclairage gâchait toutes les soirées. Jamais elle n'y a invité une de ses amies pendant les quatre années qu'a duré cet exil. J'ai perdu mes repères, disait-elle, je ne me sens plus chez moi. Mais en réalité, elle n'avait été heureuse nulle part.

À la honte de rester à Lévis se greffait la peur, puisqu'il lui fallait maintenant traverser le pont pour se rendre à la ville, la *vraie* ville, celle où ses amies habitaient, celle où elle aimait se promener et aller faire les boutiques. Mais le pont ajoutait aux dangers de prendre la route, surtout en hiver, elle qui avait déjà peur de tant de choses, les accidents, la maladie, en fait elle semblait aux aguets devant toutes les fractures possibles de l'existence, cet instant où la digue lâche, où le barrage se fissure, et le moindre mouvement en ce sens la jetait dans un état de stupeur dont la profondeur m'étonnait chaque fois.

Ma mère n'a pas voulu parcourir le trajet de sa vie à rebours, les glaces auraient pu céder, le brouillard se lever, et elle aurait perdu de vue l'horizon, et la mort avec lui.

Aujourd'hui, je sais que c'était d'abord pour moi que je souhaitais accomplir ce voyage. Pour passer quelques jours seule avec elle, pour la rejoindre dans son silence et qu'elle me rejoigne dans le mien. Je voulais entrer dans son regard de mère, qu'elle entre dans celui de sa fille, que nous tentions, une dernière fois, d'habiter ce lien, et que s'éteigne en moi la sensation douloureuse d'être devant elle comme devant une étrangère.

J'aurais tellement aimé rouler avec ma mère, même silencieuse. Ce silence serait devenu notre parole, on aurait été ensemble comme jamais on ne l'avait été, on aurait regardé défiler les noms des villages – Cap-Saint-Ignace, L'Islet-sur-Mer, Saint-Jean-Port-Joli, Rivière-Ouelle, et enfin Kamouraska, le rivage de sa jeunesse.

On aurait peut-être continué jusqu'à L'Isle-Verte et Rimouski, devant l'autre rive du Saint-Laurent où l'on allait si souvent quand j'étais petite, on aurait retrouvé nos souvenirs à Baie-Saint-Paul et aux Escoumins, là où, un jour d'automne, un de ses cousins nous a invités à monter à bord de son bateau de pêche pour aller au large observer les baleines. Ma mère était demeurée tapie dans un coin de l'embarcation, j'étais allée la rejoindre. Blottie contre elle, je faisais semblant d'être craintive, ça nous rapprochait. Elle disait à Adrien qu'elle devait rester avec moi, que j'avais terriblement peur de l'eau. Ce n'était pas tout à fait faux, j'avais échappé de peu à la noyade quand j'avais cinq ans. Nous étions à la mer, mes parents étaient distraits, peut-être encore en train de se quereller sur la plage, et pendant ce temps je n'arrivais presque plus à respirer sous la vague qui venait de m'emporter. Jusqu'à ce qu'une main me soulève. Mon père avait couru dans l'eau, m'avait saisie par mon pull en coton ouaté devenu trop lourd.

Ma mère n'avait déjà presque plus d'appétit, mais je lui aurais proposé de petits restaurants le long de la 132, et on aurait trouvé un motel au bord du fleuve. Le matin, on se serait promenées sur la plage, on aurait respiré le varech et l'air salin, elle aurait peut-être regardé au loin, et j'aurais observé avec elle le grand large de sa vie qui s'effaçait comme une ligne d'horizon disparaît au bout des heures. Elle m'aurait peut-être parlé de son enfance et de sa jeunesse, de ces années qui ont déployé devant elle leurs possibles, tous les chemins qui s'éclairent soudain de telle sorte qu'on ne sait lequel choisir – quel paysage embrasser, la mer pour apprendre les tempêtes ou la forêt pour connaître les broussailles.

Combien de jours avons-nous pour voir ceux qui nous ont fait naître à travers la totalité de ce qu'ils sont, à travers l'entièreté de leur vie, et non plus seulement par un angle qui les réduit à être *ce père, cette mère* qu'ils ont été ? Combien de temps auront-ils pour nous rejoindre, nous donner ce regard que nous attendons, qui nous dira un peu de ce que nous sommes et nous confirmera dans notre existence ?

En se promenant le long du fleuve, Simone m'aurait peut-être parlé du moment où elle est devenue ma mère, de celui où mon père est mort, et je lui aurais demandé pourquoi elle ne l'avait jamais quitté, malgré les tensions permanentes, les conflits parfois violents. Pourquoi n'est-elle pas partie, avec ou sans moi, et à quoi pensait-elle ces nuits-là, immobile à la fenêtre en attendant qu'il rentre à la maison ? Cet absent, ces jours déchirés par les querelles incessantes, cette souffrance silencieuse, vaste comme une rivière devenue un océan – tout se refermait devant elle.

Cette route du temps, elle n'a pas voulu la prendre. Plus de route, plus d'horizon. Comme si elle ne pouvait s'éloigner de sa mort. Ce n'était plus le moment d'aller ailleurs. Et surtout pas vers le passé. Ma mère m'a dit : *Non*. Sans rien expliquer, juste un *non* qui refermait la suite.

Huit semaines plus tard, elle a tout emporté, et d'abord cette histoire qui était un peu la mienne.

Pour elle, c'était la fin, mais pour moi, quelque chose commençait.

ans peut-être, ils semblent très proches l'un de l'autre, une sorte d'intimité qu'on peut sentir dans la manière dont leurs corps se tiennent, sa main posée sur l'épaule de Simone qui incline légèrement la tête, comme s'ils se touchaient intérieurement davantage encore que la photo ne le montre. Ce n'est pas son frère, cet homme, pas mon père non plus, peut-être un oncle que je n'ai pas connu, ou l'un de ses cousins, c'était sans doute une fête de famille, et Simone retrouvait un parent qu'elle n'avait pas vu depuis longtemps.

Derrière la pile de photos se trouve un des cahiers de mon enfance, de quatre couleurs différentes, aux pages lignées ou quadrillées, et dans lesquels tous les écoliers prenaient leurs notes en classe. J'imagine que ce doit être un de ceux qu'elle a décidé de garder en souvenir, elle qui n'aimait pourtant pas retenir le passé.

En l'ouvrant, je reconnais l'écriture de Simone.

QUÉBEC, 1947

ELLE L'AVAIT AIMÉ,
INTENSÉMENT

La première fois qu'elle le voit, elle ressent une force irrésistible s'emparer d'elle. Il rit avec sa bande de copains, ils sont au port, Simone se promène avec son amie Charlotte, elle remarque cet homme plus grand que les autres, plus beau aussi, et manifestement plus âgé. Les mâts se balancent derrière lui, on dirait une forêt qui frissonne. Il la regarde également, en continuant à rire avec ses amis. Simone et Charlotte avancent vers les quais, l'homme ne la quitte pas des yeux, et lorsque les deux jeunes femmes passent devant le groupe, il s'approche.

Simone ne sait que répondre quand il s'adresse à elle en demandant si elle pratique la voile. Elle n'est jamais montée sur un voilier, elle ne fait que les regarder, fascinée par la grâce de ces bateaux aux mâts très hauts qui déploient des tissus les entraînant au large. Elle va souvent au port se promener sur les quais, elle aime voir les marins gréer lentement leurs voiliers, quitter le bassin et laisser derrière eux la beauté de la ville pour rejoindre celle de l'eau. Elle imagine la vue du cap Diamant à partir du fleuve, aujourd'hui elle a invité Charlotte à l'accompagner dans sa promenade, *Non, je ne suis pas aux études*, répond Simone, *je travaille comme secrétaire pour une compagnie d'assurances, mais excusez-moi, nous devons rentrer maintenant...*

Elle l'a aimé. Intensément.

Cette force irrésistible s'était immiscée en elle. Ils se sont revus quelques jours plus tard. Puis une autre fois, et une autre fois encore. Il lui a fait voir la lumière qui cisèle la surface de l'eau et entendre le silence des étoiles. Avec lui, elle a connu la puissance du désir et la jouissance de la chair, les heures lentes à s'aimer, d'une marée à l'autre, leurs corps nus étendus sur le pont, leurs mains qui s'enlacent comme leurs vies entières, un amour fort et plein que rien ne menace.

Dès l'instant où Antoine l'a étreinte et doucement entraînée vers le lit, tout au fond de la cabine de son voilier, dès qu'ils se sont retrouvés nus l'un devant l'autre et se sont regardés droit dans les yeux, emportés par le courant, devenant ensemble quatre bras et quatre jambes entrelacés, dès qu'ils ont rapproché leurs visages et que leurs bouches se sont unies en un baiser qui effaçait le temps, Simone a su qu'elle ne cesserait jamais de l'aimer et que jamais elle ne le quitterait. Dès cet instant où leurs corps se sont embrasés, elle a su que désormais sa plus grande douleur serait de vivre sans lui.

Quand ils descendaient du voilier d'Antoine, on aurait dit que leurs corps tanguaient encore sous la force de leur amour. Soudés l'un à l'autre par un léger vertige, ils marchaient en vacillant, leur étreinte se prolongeait sur la terre jamais ferme qui ne pouvait l'interrompre.

Dans la rue, ils attiraient les regards. Ils étaient beaux tous les deux et très amoureux, mais comme il aurait pu être son père, si l'on percevait leur intimité, les gens à l'affût du scandale se retournaient en murmurant ou leur jetaient des regards désapprobateurs. Ça ne les gênait pas. Simone ne se posait pas de questions, elle savait qu'Antoine était cet amour dont elle avait parfois imaginé qu'il puisse exister, un amour auquel elle donnerait tout. Et de cet amour, elle recevrait tout.

Elle savait qu'ensemble ils navigueraient sur tant de fleuves, qu'ils traverseraient les pires orages et les plus lents déserts, que les vents, lorsqu'ils viendraient, finiraient par s'apaiser.

MONTRÉAL, 2018

ON PLANTE SON MONDE
QUELQUE PART, AILLEURS OU PAS

Juliette sort de l'ascenseur au moment où j'allais ouvrir la porte de chez moi. J'ai empilé dans le corridor quelques cartons vides et deux autres encore pleins.

Après avoir lu la moitié de l'un des cahiers, je sais que ma mère a aimé, intensément, et qu'elle a souffert, aussi intensément. Entre les deux, c'est le vide.

Depuis toujours, Juliette et moi marchons ensemble dans ces moments fragiles, quand la route dévie ou que la courbe des vents est trop prononcée, nos pas s'accordent, nos paroles s'entrecroisent comme nos destins l'ont fait alors que nous étions enfants.

J'avais six ans, ma mère et moi attendions notre tour pour acheter des billets au cinéma. Derrière nous, une femme tenait sa petite fille par la main. Elle a complimenté ma mère sur le manteau qu'elle portait. La file était longue, leur conversation a duré. Juliette et moi avons toutes deux lâché la main de notre mère pour aller jouer ensemble en attendant l'heure de la séance. Notre maison était située à quelques rues de la leur. Nos mères ne sont pas devenues amies, mais les années suivantes, elles nous déposaient de plus en plus souvent l'une chez l'autre.

La même école, les mêmes jeux, les mêmes amies, les mêmes joies et les mêmes peurs, mon enfance et celle de Juliette se sont développées de manière semblable. Nous avions décidé d'être des *meilleures amies*. Le titre comptait autant qu'un pacte.

À cet âge, on ferait tout pour que durent notre vie entière ces liens parfois difficiles à nouer, on veut notre amie *pour toujours*, on imagine que notre monde va s'effondrer si elle change d'école ou si sa famille déménage.

Juliette n'a pas changé d'école et sa famille est restée à Québec. Nous sommes restées des *meilleures amies pour toujours*, avec les saillies nécessaires pour apprendre que les liens confiés aux aspérités de l'existence comportent des brèches et des heurts. On entre avec l'amie dans le jardin pour cueillir les roses, mais parfois il faudra aussi sarcler la terre et arracher les mauvaises herbes. Le lien sera mis à l'épreuve. Si l'on consent à être vulnérable, il ne sera pas exempt de fêlures, de déceptions, de désillusions peut-être ; si l'on consent à être vrai, il fera naître des doutes et de l'incompréhension. On voudrait ce lien le plus libre qui soit, on le cultive et le protège comme une plante rare.

Juliette me répète souvent que l'absolu que je cherche n'existe pas. Des êtres de contradictions, voilà ce que nous sommes, me dit-elle, des créatures floues, contrastées, tendues entre joie et tristesse, entre toujours et jamais, des êtres ambigus qui ont du mal à supporter l'ambiguïté. Nous doutons, et c'est ce qui nous pousse à explorer, à laisser nos regards dériver pour accueillir en cours de route ce qui surgit, ces petits émerveillements qui nous transforment. Nous sommes humains, et l'imperfection nous rend vivants. Tes soifs d'absolu ne tiendront pas, tu verras, un jour tu n'en auras peut-être même plus besoin.

L'amitié joyeuse et tumultueuse des petites filles que nous étions s'est changée en un lien que les épreuves partagées ont approfondi. Quelques ruptures passagères mais nécessaires l'ont aussi gardé ancré au présent, pour qu'il ne se nourrisse pas seulement de souvenirs dont on ne voudrait se détacher, de peur de perdre avec eux notre enfance, mais d'abord de ce qui appartient au courant des jours.

Au seuil de nos vies d'adulte, nous avons choisi des voies semblables, Juliette allant étudier en arts visuels, moi en littérature. Nos pavillons étaient voisins, on passait donc encore la plupart de nos moments libres ensemble. Elle voulait devenir peintre, moi écrivaine, et chacune est parvenue à défricher le chemin espéré.

Les lignes de nos existences se dessinaient tout au long des ans comme des rayons vifs qui se fraient un passage au milieu d'une forêt dense.

Aujourd'hui, Juliette a des galeristes à Montréal, New York et Paris. Elle commence aussi à recevoir des propositions pour exposer en Espagne et ailleurs en Europe. Si elle vit maintenant très bien de son travail et peut s'y consacrer entièrement, durant les dix ou douze premières années de sa carrière, elle avait du mal à régler chaque mois le loyer du minuscule appartement que l'on partageait. Dans un coin de la pièce principale, nous avions installé ma table d'écriture, dans l'autre, un établi accolé à un mur où Juliette accrochait ses travaux. Si les lieux infléchissent le cours des vies, avant même que le tracé des nôtres soit clair, ce logement a incarné celui que nous espérions.

Je n'y arriverai pas ! lançait parfois Juliette en claquant la porte d'entrée. Je n'en peux plus d'enseigner tous les soirs après des journées de travail de dix heures… Je devrais peut-être abandonner tout ça. Puis elle allait dans la chambre et n'en ressortait que des heures plus tard. Si alors elle souriait, je savais qu'elle avait parlé à Abby.

Elle avait rencontré Abby Rowan lors d'une conférence à l'université. Artiste visuelle de New York renommée pour son travail de peintre et de sculptrice, elle était venue s'installer à Montréal où les conditions de travail et de vie s'avéraient plus favorables. Abby avait engagé Juliette comme assistante, mais elle était aussi devenue son mentor.

Juliette aimait ce travail d'assistante. Elle tendait les toiles sur les châssis de bois, nettoyait les pinceaux, archivait et rangeait les œuvres une fois qu'elles étaient achevées. Elle était également chargée des préparatifs entourant les expositions, et donc des contacts avec les galeristes. Mais elle aimait davantage les moments d'échange avec Abby qui lui enseignait les bases de différentes techniques, les possibilités des matériaux, et surtout comment les matières et les formes peuvent devenir une expression forte et singulière de soi.

Tu as la ferveur nécessaire pour trouver ta propre voix, lui disait Abby. La vie d'un artiste se construit avec le chaos, on ne fait que parler d'ombre et de lumière qui s'interpellent, de choses vivantes et inertes, réelles et imaginaires qui se répondent. Ça semble plutôt curieux de dédier sa vie à l'art, surtout dans une société qui incite à la performance et au divertissement, mais c'est ce qui chaque jour donne sens à la mienne. Tu affronteras bien des peurs dont tu ne soupçonnes pas la présence en toi, tu rencontreras des embûches, plus encore parce que tu es une femme, mais quand je t'observe devant une toile blanche ou que je t'écoute parler des travaux de certains artistes, je sais que tu n'auras d'autre choix que de creuser ce chemin qui s'ouvre.

Juliette trouvait dans ces paroles d'Abby un antidote à ses doutes, et lorsqu'elle traversait des périodes difficiles, je lui rappelais moi aussi que sa vie, c'était cet atelier de formes et de couleurs où se conjuguaient ses soifs et ses contradictions.

UN SOUFFLE D'EAU DANS LE NOIR

Enfant, je détestais dessiner. C'étaient les mots qui m'intriguaient. Quand Juliette prenait ses crayons de couleur, je traçais ce qui, sans en être, ressemblait à des lettres. J'avais hâte qu'elles se transforment en mots devant mes yeux, puis en phrases. Le jour où je suis rentrée de l'école en ayant lu un mot pour la première fois, tout a changé. J'avais désormais accès à un autre univers que celui où les paroles étaient projetées violemment sur les murs de la maison. Les mots touchaient les choses pour les rendre vivantes.

La première fois qu'Abby nous a lu un poème à voix haute, c'est comme si une lame déchirait le banc de brouillard qui flottait à l'intérieur de moi. Le choc que j'avais ressenti, enfant, lorsqu'un mot était soudain apparu, je le ressentais de nouveau. Cette fois, les mots soulevaient des ombres, soulevaient des clartés, secouaient le réel pour m'en révéler une part que je n'avais encore jamais pressentie. Ma vue s'aiguisait, plus rien n'était banal, le monde était enfin démasqué, il pouvait être dit autrement, et il contenait plus de présences que je n'en avais perçues jusque-là.

Depuis ce jour, la poésie est à la fois ma quête et l'instrument de ma quête. J'avais besoin que quelque chose puisse recueillir ce qui avait été saccagé, nommer ce qui s'était déchiré en moi.

J'espérais peut-être aussi que les livres, et plus tard la musique, à laquelle Abby nous a également initiées, me diraient d'où je viens et ce que je pouvais devenir. J'ai trouvé dans l'art un appel à vivre, à ne pas faire de l'existence qu'une accumulation de gestes, de tâches et d'objets.

Quel contraste quand je rentrais à la maison, seule avec mes passions comme ma mère l'était avec son silence.

Puis j'ai voulu écrire, ouvrir moi aussi la fenêtre des mots pour qu'ils réinventent l'horizon. C'est ainsi qu'a commencé cette étrange entreprise qui, d'un livre à l'autre, m'incite à creuser dans la langue des sillons d'espoir et de questions.

Abby me répétait de me concentrer sur l'écriture et non sur ce qui la bordait. Écris, me disait-elle, efforce-toi de faire taire le doute pour qu'il ne te prive pas du plaisir de créer un monde de mots qui s'implantera dans le réel. Ne quitte pas des yeux le sentier que l'écriture défrichera. L'art est une façon d'éclairer les contours du monde qui restent flous.

IL Y A CETTE LUMIÈRE
QUI TOMBE

Quelques jours après sa mort, je suis allée vider ce qui restait dans son appartement. Un organisme de charité était déjà venu chercher les meubles, il me fallait faire le tri des objets et des boîtes remplies de papiers. Je devais me dépêcher parce que le propriétaire de la résidence menaçait de me faire payer le loyer du mois suivant si je ne libérais pas les lieux dans la semaine !

Au milieu des trois pièces, j'avais l'impression d'être entourée par les restes de la vie de Simone, mais aussi par les ruines de mon enfance, ce paysage qui soudain m'échappait.

J'ai commencé par un carton contenant une dizaine d'éléphants à la trompe levée que Simone aimait collectionner. Je lui en rapportais parfois de mes voyages, ils étaient réunis dans une boîte où se trouvaient également quelques instruments nautiques, dont une ancienne boussole et une carte marine du Saint-Laurent datant des années cinquante que j'ai décidé de conserver, juste pour leur beauté. Je ne savais pas qu'elle aimait les objets de navigation, j'ai toujours cru qu'elle détestait tout ce qui avait trait aux bateaux.

Puis j'ai ouvert une boîte remplie de papiers de toutes sortes, je me suis assise par terre au milieu du salon et j'ai attrapé une grosse pile de feuilles et de cartes postales, quelques enveloppes qui lui étaient adressées et plusieurs carnets.

Simone avait conservé chacune des cartes que je lui avais envoyées durant mes voyages. Quelle étrange sensation de les tenir maintenant dans mes mains et de lire ce que je lui écrivais d'Espagne, de Finlande, d'Argentine ou de Suède, des nouvelles brèves de mes séjours, quelques mots sur la météo, et chaque fois cette même question – comment vas-tu ? – à laquelle personne ne répond jamais.

Des photos ont glissé de la pile. Sur l'une d'elles, je suis dans les bras de Simone. C'est mon père qui a dû la prendre, j'ai peut-être deux ou trois ans, il y a un chalet derrière nous et aussi un lac. Elle sourit, mais quelque chose dans son regard paraît lointain, même un peu triste. C'est ce regard que je n'ai jamais su m'expliquer.

Sur une autre photo, elle est au bras d'un homme et doit avoir une vingtaine d'années, il a l'air beaucoup plus âgé qu'elle, quarante

Alors j'écrivais, prolongeant ce jour où j'étais rentrée de l'école en lisant tout ce qui se trouvait sur ma route, étonnée que les mots, ces minuscules instruments apparemment inoffensifs et sans valeur, me permettent de plonger dans la vague d'émotions embrouillées qui me traversaient.

Juliette et moi avons commencé à présenter nos œuvres presque en même temps. Le premier roman que j'ai écrit a été publié un an après la première exposition collective à laquelle elle a participé. Il s'intitulait *Un ciel avec parfois des nuages*. À travers le personnage d'une petite fille dont la mère est morte, et qui n'occupait aucune place dans sa famille amputée de ses racines, j'expulsais ma détresse d'enfant. Persuadée que quelque chose s'était figé là, j'ai glissé dans ce roman ce que je n'avais pu dire à cette femme qui n'a jamais incarné pour moi la figure maternelle. Je reprenais possession de moi-même dans un autre récit, imaginant une histoire qui comblait les failles de la mienne.

J'avais longuement interrogé mes parents pour connaître leur passé, mais seul mon père répondait à mes questions. Simone ne se souvenait de rien, pas même de sa jeunesse.

Il y a eu un lancement en librairie. Ma mère semblait ressentir un curieux mélange de fierté, d'inquiétude et de méfiance. Peut-être avait-elle peur qu'on découvre, sous le personnage de la mère, un autre visage d'elle.

Dans les journaux on a dit deux choses qu'elle n'a pas appréciées : mes parents étaient divorcés, et ma mère avait eu des amants. Un jour elle m'a téléphoné pour me reprocher d'avoir écrit ça. Jamais nous n'en avons reparlé.

Trois ans plus tard, j'ai publié un autre roman, Juliette a présenté une autre exposition, et Abby est allée vivre en Australie où son travail était de plus en plus estimé. Son départ nous a davantage rapprochées, Juliette et moi. Nous sommes restées liées à Abby qui continue de suivre nos parcours à distance. Juliette expose maintenant régulièrement à Montréal et à l'étranger, je publie encore des romans, mais personne ne sait que j'écris aussi des poèmes, pas même Juliette.
On dit qu'il y a toujours au moins un secret entre deux personnes, c'est le mien avec elle.

LE POURTOUR DU CŒUR
EST NUAGEUX

Juliette et moi allons dans la cuisine préparer du café. Je lui parle du cahier que j'ai trouvé chez ma mère et dans lequel elle raconte son histoire. La page blanche que je ne pouvais noircir, c'est donc Simone qui l'a écrite.

Tu n'as jamais su que ta mère écrivait ? me demande Juliette. Cette femme était si secrète, elle paraissait flotter au-dessus de la vie – ou en dessous –, suivre des vents qu'elle était seule à ressentir. Mes parents n'ont rien de mystérieux, c'est pour ça que Simone me fascinait tant. Mais je sais que tu as toujours souffert de la distance qu'elle maintenait entre vous. Comme un monde qui aurait éclaté en une multitude de fragments, vous étiez deux continents qui ne cessaient de dériver loin l'un de l'autre, des terres qui voguaient et se transformaient à mesure. Avec sa mort, peut-être que quelque chose est en train de se ressouder en toi ?

Je ne sais pas. J'ai passé ma vie avec les mots. Toutes ces années, ils m'ont appris à mieux lire le monde et les êtres, à découvrir du sens et à en créer. Aujourd'hui je me retrouve devant l'histoire de ma mère comme devant une langue étrangère. Et si je n'arrivais pas à recomposer ces fragments pour qu'ils s'imbriquent dans ma propre histoire ? Si, plutôt que d'éclairer mes pas, ces cahiers m'arrachaient à ce que je sais de moi-même et transformaient ce que je crois connaître de Simone ?

LES TÉNÈBRES ÉTAIENT
DÉJÀ TOMBÉES

Les poèmes peuvent-ils nous sauver du naufrage ? Peuvent-ils souffler sur le brouillard qui a effacé l'horizon et dévoiler ces montagnes qu'on n'avait pas encore vues, dont on ne soupçonnait même pas l'existence ?

Dans la boîte où se trouvaient le cahier et la boussole marine, il y avait aussi une coupure de journal.

Au-dessous de la photographie d'un navire, un journaliste raconte le choc qu'il a eu en voyant des centaines de cadavres alignés dans le hangar du quai de Rimouski. Dans cette morgue improvisée, on tentait tant bien que mal d'identifier les corps qui arrivaient, semblables dans l'anonymat de leurs peaux chiffonnées, de leurs visages déjà tuméfiés.

Certains recueillaient sur des bouts de papier humides des signes qui pourraient permettre d'identifier les dépouilles, on fouillait dans les vêtements pour récupérer un objet resté coincé au fond d'une poche de pantalon, un mouchoir brodé, une broche, une épingle à cheveux ou une bouteille de cachets – n'importe quoi qui aurait pu ramener un nom vers l'un de ces cadavres.

Ils avaient été repêchés tel un banc de poissons, puis disposés comme des blocs de chair, des billots flottant désormais sur une terre anonyme, enfermés dans le silence qu'ils avaient éprouvé avant de mourir.

Les survivants se regroupaient près des noyés. Ils avaient réussi, eux, à s'extirper de la carcasse métallique que le fleuve engloutissait et à s'échouer sur la rive. On les invitait à donner leur nom et celui de proches qu'on allait informer de la bonne nouvelle. Ils déclinaient leur identité en bégayant, incertains d'être encore vivants et d'avoir le droit de prononcer ce nom. Les échoués regardaient avec hébétement les noyés qui s'accumulaient le long des murs, formaient des rangées de corps désarticulés qu'il fallait enjamber pour rejoindre l'infirmerie aménagée dans un coin du hangar.

Le lendemain, il sera écrit :

Dans la mort, le riche dort à côté du pauvre, le puissant à côté du faible, l'humble Polonais ou Russe qui crevait hier dans les rues de la métropole du Canada dort à côté de la patricienne dorée. Voilà qu'ils sont tous égaux.

L'article, titré « Horrible catastrophe maritime », raconte l'événement qui a eu lieu la veille.

Le Progrès du Golfe, Rimouski, vendredi 30 mai 1914

L'*Empress of Ireland*, abordé hier vers 1 h 45 a.m. par un charbonnier norvégien, le *Storstad*, avec lequel il est entré en collision, sombre et périt corps et biens, en l'espace de dix minutes, entraînant au fond de l'abîme un millier d'existences humaines.

Environ trois cent cinquante personnes ont été jusqu'à présent recueillies et transportées à Rimouski. De ce nombre, plusieurs sont horriblement mutilées et mourantes.

Le *Lady Evelyn* et l'*Eureka*, après avoir emmené à Rimouski les survivants de ce terrible naufrage, retournent sur le théâtre du sinistre pour repêcher une multitude de cadavres affreusement défigurés et à demi nus. Le *Lady Evelyn* est revenu vers 2 heures p.m. avec près de deux cents noyés à son bord.

J'ai voulu en savoir plus. J'ai donc effectué quelques recherches sur cet accident qui, à ce jour, demeure l'une des plus importantes catastrophes de l'histoire maritime. J'espérais comprendre pourquoi Simone s'y était intéressée.

Rares sont les navires qui, à cette époque, s'aventuraient au printemps sur le Saint-Laurent tant les écueils y sont nombreux. Faible profondeur et étroitesse de certains chenaux, récifs, brume dense, courants en diagonale, il est difficile d'éviter tous les périls quand on navigue sur le fleuve. J'ai trouvé d'autres articles qui tentaient d'expliquer comment la collision avait pu se produire et décrivaient l'effroyable chaos qui l'avait suivie.

C'est en mai que l'*Empress of Ireland*, luxueux paquebot lancé en 1906, réputé comme l'un des plus sûrs de l'époque, et qui assurait la liaison entre Québec et Liverpool, est parti du port de Québec en fin de journée. Il a fait escale à Pointe-au-Père, près de Rimouski, pour laisser descendre le pilote qui l'avait guidé depuis Québec, comme le voulait la règle. Après avoir aussi déchargé quelques sacs de courrier, le bateau lève l'ancre. Des bancs de brume se mettent à flotter au-dessus des eaux comme des fantômes imprévisibles. Une trentaine de minutes plus tard, une vigie informe le capitaine de la présence d'un navire qui remonte le fleuve et se trouve à douze kilomètres de distance. L'*Empress of Ireland* envoie des signaux et ajuste sa trajectoire en fonction de celle de l'autre bateau.

La nuit est froide et un brouillard épais s'empare du fleuve. Vers 2 heures du matin, le paquebot est frappé. Le charbonnier norvégien *Storstad* vient de percuter son flanc droit, ce qui crée aussitôt une large brèche. Des dizaines de milliers de litres d'eau pénètrent en quelques secondes la coque de l'*Empress* qui lance un SOS, mais quatorze minutes plus tard, le paquebot achève de s'incliner et sombre dans les eaux paisibles du fleuve à peine visible pour les passagers qui se sont précipités sur le pont. Certains plongent, alors que d'autres se disputent les quelques canots qui peuvent être affalés. Bientôt le paquebot est complètement englouti.

Un peu plus d'une heure après l'appel de détresse lancé par l'*Empress*, les secours arrivent à bord de deux navires, l'*Eureka* et le *Lady Evelyn*, qui repêchent quatre cent soixante-cinq survivants. L'équipage du *Storstad* participe également aux opérations de sauvetage.

Cette nuit-là, mille douze personnes ont péri. On dit que la plupart de ceux qui ont trouvé la mort étaient des passagers de troisième classe, dont les cabines étaient situées sur les ponts inférieurs. Sur les cent trente-huit enfants qui étaient à bord de l'*Empress of Ireland*, cinq seulement ont survécu.

L'épave de l'*Empress of Ireland* gît au fond du fleuve, à environ huit kilomètres du village de Sainte-Luce-sur-Mer. Elle n'a été retrouvée qu'en 1964, exactement cinquante ans après la catastrophe, par un groupe de plongeurs amateurs. À quarante-trois mètres de profondeur, ils ont vu soudain une immense masse se profiler parmi les minces rayons de lumière qui pointaient vers la carcasse gîtant fortement sur la droite. Sur le coup, ils ignoraient le poids de leur découverte, ce n'est qu'une fois remontés à la surface qu'ils ont pensé à l'*Empress of Ireland*.

Que retrouvent les plongeurs avec ce cadavre de rouille enfoncé dans le sable qui enferme des corps sans âge, des noms que le bruit d'un fleuve a étouffés ? Combien d'autres vies a détruites un seul des visages emprisonnés dans le noir et le froid – la bouche ouverte, un cri jamais émis – pesant le poids d'une histoire humaine ? Et côte à côte bientôt les innommés rejoindront les échoués sur une terre qui leur est imposée comme une stèle à jamais inachevée, une barque légère que chaque année perforera davantage. D'autres restent encore captifs de cette nuit, et leur nom devient un secret usé, recouvert par les algues et que grugent les crustacés. Mais ni les vagues ni les ans ne combleront une absence plus bruyante que des vies.

L'affaire fut classée après deux enquêtes parallèles dont les conclusions se contredisaient. L'une évoquait un changement de cap ordonné alors qu'on n'y voyait rien du tout, l'autre blâmait un officier qui aurait trop tardé à appeler son capitaine. Il est permis de croire que des fautes de navigation ont pu être commises des deux côtés, que les signaux de brume et les alarmes sonores étaient difficiles à interpréter clairement dans ces conditions dangereuses. La suite des enquêtes fut abandonnée comme le fut l'épave.

Hanna déplie la page du journal jauni. Elle ignore ce qu'elle cherche au milieu des vieux papiers qui dégagent une forte odeur d'humidité. Sa mère devait avoir une raison de les conserver, mais, pas plus que sa grand-mère Eva, Simone ne lui avait parlé de ce naufrage. Hanna doit creuser plus loin pour savoir pourquoi sa mère se sentait liée à cet événement qui concernait surtout les familles d'immigrants venues s'installer au Canada au début du siècle.

Le lendemain de la tragédie, alors que les recherches se poursuivaient autour de l'épave encore visible, parmi les débris errant à la surface de l'eau, alors que des embarcations revenaient du fleuve remplies de noyés, on a publié la liste des rescapés, les noms de ces échoués remontaient jusqu'à nous comme du fond des eaux, jamais ils ne cesseraient de ressentir sur leur nuque le silence des morts.

James Wilson – Art Carmichael – Elatha Carmichael – David Carmichael – Dagan Ross – Cormac Skinner – Brenda Skinner – Etan Cunningham – Fiona Cunningham – Mary Cunningham – Mark Williamson – Neal O'Neil – Tara O'Neil – Kate O'Neil – Glenn Monaghan – Ula Monaghan – Lucharba Baron – Peter Baron – Ann Baron – Shanleigh Cowan – Tomas Cowan – Trevor McCormack – Kiara McCormack – Iosep McCormack – Iollan McKinney – Alisson McKinney – Dillon O'Sullivan – Dallan O'Sullivan – Braden Bannon – Thomas Hogart – Dorothy Hogart – David Ferguson – Robert Robinson – Claire Robinson – Mark O'Connell – Robert O'Connell – Paul Brennan – Norman Murphy – Jeff Gilmore – Henry Murray – Caroll Murray – Paul McCarthy – Lilly McCarthy – Craig Allen – Peter Allen – Wallace Ferguson – Gladys Ferguson – Luchar Jordan – Roan Greenfield – James Gardner – Abbie Gardner – Dave Tonner – Berach Tonner – Mark O'Brian – Kara O'Brian – Nolan McCarthy – Eireen McCarthy – Tomas McAllee – Aslinn McAllee – Arthur Kelly – Eva Kelly – Dylan O'Brien – Branden Baker – Kate Baker – Larry McAteer – Kelan McAteer – David McAteer – Ailis Ferguson – Mary Ferguson – Paul Gilbert – Alexander Quinn – Amanda Quinn – Craig Shannon – Caroll Shannon – Covey McGivern – Catherine McGivern – Fergus Tormey – Doreen Tormey – Ernest Tonner

ROUTE 132
VERS KAMOURASKA, 2018

RIEN NE SE COMPREND
SANS ENLACEMENT

Alors j'ai pris la route.

J'ai remonté le fleuve jusqu'à Kamouraska. Simone y avait passé sa jeunesse, moi je n'y étais encore jamais allée. Là-bas, je rencontrerais le visage de cette femme, ma mère, dont j'ignorais peut-être l'essentiel. À tout le moins, ce que je savais de son visage s'estompait à mesure que j'avançais vers lui.

Sur la route, j'imaginais Simone à mes côtés, comme dans le voyage que nous n'avions pas fait. Je l'entendais rire, je la voyais contempler le paysage puis se tourner vers moi pour me raconter quelques souvenirs de sa jeunesse, de ce temps avant la tristesse, ce temps avant mon père.

Depuis Montréal, j'ai roulé durant un peu plus de deux heures avant d'arriver à Québec. J'ai hésité à entrer dans la ville pour revoir les maisons qu'on avait habitées, j'ai décidé de le faire plutôt au retour. J'ai suivi les indications vers la 132 qui longe le fleuve et, environ trois heures plus tard, j'étais à Kamouraska.

Éreintée par le trajet, je suis entrée dans le premier gîte que j'ai trouvé, le Manoir de la Mer, et j'ai loué une chambre pour la nuit. J'ai défait rapidement mes bagages pour aller sur la plage contempler le coucher de soleil. Je me suis assise sur une pierre.

Simone à mes côtés, nous regardons l'horizon fondre lentement entre le souvenir du bonheur et l'espoir d'un avenir possible. Comme le font les absents, ma mère me raconte les heures qui ont basculé loin dans le passé et celles qui approchent comme des vagues noires. En me parlant tout bas, elle semble chercher elle aussi quelque chose dans cet espace flou entre le ciel et la mer, comme si d'autres absents y avaient laissé une trace.

La nuit est-elle ce moment où rien ne bouge, le fond d'un océan dont le mouvement nous demeure invisible ? Combien de temps dure la nuit ? Et sait-on un jour traverser ces heures où l'on ne peut plus avancer, où l'on reste immobile en attendant que revienne la clarté ?

QUÉBEC, 1948

UN CIEL À MOITIÉ ACHEVÉ

Antoine regarde le Majestueux, c'est ainsi qu'on appelle le fleuve, à cette hauteur, quand il se confond avec la mer et qu'on ne voit plus ses rives. Dans les vagues et l'écume, il retrouve les histoires qu'il connaît.

Je n'étais pas né, dit-il à Simone qui frissonne et vient se blottir contre son corps, lorsque les premiers navires ont remonté le Saint-Laurent. Mon père me racontait ce rêve qu'il portait, comme des milliers d'autres immigrants, il voulait toucher la terre promise. D'immenses paquebots arrivaient d'Europe, de Liverpool et de Londres, ils accostaient au port de Québec. Les gens avaient hâte de mettre le pied sur ce sol nouveau, mais à leur arrivée, ils étaient plutôt isolés en quarantaine à Grosse-Île, une île perdue au milieu du Saint-Laurent, pour éviter que se transmettent le choléra, la variole ou la grippe espagnole, toutes ces maladies qui décimaient des populations entières de l'autre côté de l'océan. *Alice*, un bateau à vapeur, les y emmenait, il faisait la navette entre la ville et l'île, mais certains, déjà malades durant la traversée, ne toucheraient jamais le sol promis. Anonymes, ils échouaient dans une île inconnue, à quelques pas d'un rêve qu'ils n'atteindraient jamais.

Toute la beauté du fleuve... Imagine, mon amour, dit-il encore à Simone, combien les immigrants devaient être émerveillés en apercevant les petits villages qui le bordent, en découvrant les églises, les phares et les moulins qui guidaient alors le regard des marins en devenant leurs points d'ancrage. À l'époque, on ne connaissait pas tous les écueils qui rendaient la navigation périlleuse. Quand je regarde le fleuve, je vois la scène où se déroulent des moments heureux, mais où se produisent aussi des malheurs. C'est notre histoire qui circule par cette voie de passage, elle a transporté ce dont tes ancêtres ont eu besoin pour survivre. Mon père était fier d'y participer. Par le fleuve, on retrouve le chemin des générations qui sont venues recommencer leur vie sur cette terre nouvelle qu'était pour eux ton pays. Par le fleuve, on refait le trajet de l'amour et celui des conquêtes, on voit le bien et le mal au fond des mêmes eaux embrouillées du temps.

Simone ne l'avait jamais senti si passionné, sa voix portait une ferveur qu'elle ne lui connaissait pas.

Antoine ne laissait filtrer que peu de choses sur ses origines. Son père, Arthur Corrigan, et sa mère, Emma, née O'Hagan, tous deux irlandais, étaient morts alors qu'il était enfant, racontait-il sans ajouter de détails. Son prénom véritable était Anthony, mais en arrivant au Québec, ses parents adoptifs, Jules et Jeanne, avaient décidé de le franciser. Anthony, c'est *celui qui se nourrit de fleurs*, lui avait appris Simone qui attachait de l'importance à la signification des prénoms. Elle s'appuyait d'ailleurs sur ce qu'évoquait le sien – *celle qui est exaucée* – pour imaginer son avenir. Elle avait déjà prévu que plus tard, s'ils avaient un fils, il s'appellerait Adam et commencerait *une lignée nouvelle*, et s'ils avaient une fille, elle s'appellerait Hanna et porterait *la grâce de la vie*.

Les rares moments où Antoine évoquait sa famille, il le faisait avec réserve, comme s'il allait trahir un secret, ou comme si le passé était si lourd qu'il ne pouvait être posé sur le présent fragile. Simone a tout de même appris que les parents d'Antoine étaient nés en 1890, et qu'il n'avait que quatre ans au moment où ils avaient tous les deux perdu la vie, apparemment dans un très grave accident. Il avait alors été placé dans un orphelinat à Québec, et quelques années plus tard adopté par un couple sans enfants. Il ne parlait pas davantage de son enfance, sinon pour raconter qu'après avoir eu très peur de l'eau, petit garçon, il avait commencé à l'apprivoiser. Jeanne et Jules l'emmenaient au bord du fleuve, sous le pont de Québec, ils lui avaient acheté un voilier miniature qu'il faisait voguer à quelques mètres de lui, en le tenant par une corde. Il apprenait à le manœuvrer de telle sorte qu'il pouvait l'empêcher de chavirer lorsque les vagues se levaient.

Simone aimait cette manière qu'avait Antoine de s'extraire des contingences. À ses yeux, c'était un homme sans attaches et sans fardeau, alors qu'elle portait le sien si lourdement. Avec lui elle se sentait comme ces bateaux qui déploient leurs voiles quand souffle le vent. Elle était alors enfin débarrassée de ce père ravagé par l'alcool qui lui faisait tellement honte dans les bars les plus fréquentés de Québec. Quand sa mère lui demande d'aller le chercher afin d'éviter qu'il ne se retrouve en prison pour avoir commis quelque méfait, elle arpente la nuit en espérant ne croiser personne. Elle marche dans l'humiliation d'aller encore une fois dénicher ce père odieux entouré de femmes séduites par ses mensonges. Une fois qu'ils seront sortis du bar, elle traînera son corps trop lourd jusqu'à une femme qui ne l'attend plus.

Combien de fois Simone a-t-elle dit à sa mère de quitter cet ivrogne qui n'a rien d'un père ou d'un époux, mais elle refuse obstinément, craignant qu'être séparée ou divorcée soit un pire opprobre pour elle et ses enfants.

Simone ne peut faire un pas sans que pèse sur elle cette honte. Elle voudrait sauver sa famille de ce qui l'emporte comme un banc de brume.

Elle se tourne vers Antoine et croit voir une

terre nouvelle pointer à l'horizon. Le fleuve est une histoire de naufrages et de recommencements.

Quand je navigue sur mon voilier, poursuit Antoine, le fleuve devient un corps qui traverse les saisons – des vagues hautes pour le printemps, les vents chauds de l'été, les glaces de l'hiver qui s'entrechoquent, et déjà les secousses de l'automne ramènent les mois de dénuement où le cours s'immobilise. Tout ce temps, les poissons, les crustacés, les baleines et les cachalots, les phoques et les oursins disent une vie que la surface des choses connaît à peine.

LES ÉBOULEMENTS, 1949

AU BOUT DE LA SOUFFRANCE,
IL Y AVAIT UNE PORTE

Antoine avait levé l'ancre tôt le matin. La veille, il avait préparé son bateau, vérifié le mât et les cordages du gréement, tendu les voiles pour s'assurer qu'elles ne présentaient aucune brèche, même minuscule, cela pouvait être fatal, car s'il connaît parfaitement les courants et les obstacles à éviter, il sait que la moindre négligence ne pardonne pas. Il avait aussi briqué le pont, huilé le bois qui avait souffert du remisage hivernal.

Il a levé l'ancre et, aussitôt sorti du port, il a entrepris de déployer la grand-voile. Le froid mordait, en mai c'est encore l'hiver sur le fleuve, et si les glaces avaient été englouties par le soleil, elles soufflaient l'écho de leur présence sur les eaux agitées.

Comme il l'aimait, son voilier ! Grâce à l'insistance de Jules, Antoine avait fini par vaincre sa peur de la mer, au point de naviguer plus tard avec des copains et de décider de faire l'acquisition d'un voilier bien à lui, d'occasion certes, mais en parfait état. Il travaillait au port depuis son adolescence, il savait reconnaître un bon bateau.

Le jour où Antoine a officiellement acheté *Beata* – c'est ainsi qu'il l'a baptisé, évoquant la femme aimée de Dante dont il relisait chaque année *La Divine Comédie* –, il a invité ses parents à venir le voir, et ensemble ils se sont rappelés les moments où, enfant, Antoine jouait avec le petit navire fragile que son père lui avait offert.

Avec Antoine à la barre, ce jour-là, le voilier navigue vers le Bas-Saint-Laurent. Il a passé Cap-Saint-Ignace, L'Islet-sur-Mer et Saint-Jean-Port-Joli, les vents sont légers, la nuit se glisse peu à peu au bout de l'horizon, le fleuve frémit à peine, comme s'il commençait à s'assoupir. Sur le pont, Antoine regarde le ciel, cet enclos de solitude sera désormais sa maison, bientôt il s'endormira avec les vagues qui cognent contre la coque comme la mémoire du passé. Le cœur ressent-il la beauté en même temps que les yeux la voient ? Il pense à Simone et se dit que si on comprend un jour qu'on n'a qu'une seule vie, il arrive aussi qu'on sache qu'on ne vivra qu'un seul amour.

Antoine descend dans la cale alors que le fleuve se faufile au milieu du brouillard qui commence à onduler au-dessus des eaux froides du printemps. Il prend le livre resté ouvert sur la table, cette *Divine Comédie* avec laquelle il se dit qu'il n'en aura jamais fini, il a traversé les cercles de l'*Enfer* puis rejoint la montagne du *Purgatoire*, il pénètre maintenant les brumes de l'âme qui expie ses fautes avant de pouvoir accéder aux sphères du *Paradis*.

Il est difficile de dire ce qui s'est passé par la suite. La pluie s'est mise à tomber, un brouillard compact a effacé le fleuve et avalé l'horizon. Tout est devenu immobile. On se serait cru dans un tableau, une scène que l'artiste aurait fixée dans des formes fluides et des couleurs délavées. On ne sait pas si l'image bouge à l'intérieur, là où l'on devine un mouvement, sans jamais le voir.

Un bruit furieux est venu casser le silence. Quelque chose a percuté le voilier.

On peut imaginer qu'il s'est alors couché sur le flanc comme un animal blessé, que le heurt violent a creusé un trou énorme à la surface de l'eau.

Plongé dans la lecture du *Purgatoire*, Antoine n'a rien vu du souterrain que la mer avait ouvert.

Sous le choc, il a été projeté contre la cloison. On peut penser qu'il s'est cogné la tête et qu'il est tombé lourdement sur le sol.

Inconscient, il ne sent pas l'eau pénétrer par la fente qui s'élargit rapidement, l'eau jaillit à l'intérieur de la cabine telle une encre noire, et bientôt son corps se met à flotter presque légèrement alors que les torrents continuent de remplir la cale.

Antoine n'entend pas les cris au-dehors, il n'entend pas les voix qui transpercent la nuit comme des étoiles – la voix de Simone, entend-il la voix de Simone alors qu'il se demande si le cœur perçoit la mort quand elle approche, le cœur sait-il les minutes, les secondes qu'il lui reste avant de s'éteindre comme une étoile ?

Les poèmes peuvent-ils nous sauver du naufrage ? se demande Antoine alors qu'il répète pour lui-même ces vers de Dante qui lui ouvrent peut-être la porte du *Paradis*.

Je m'en reviens de l'onde sainte,
régénéré comme une jeune plante,
renouvelé de feuillage nouveau,
pur et tout prêt à monter aux étoiles.

Et les eaux, comme le poème, se referment sur le voilier.

KAMOURASKA, 2018

ON N'APPREND JAMAIS
COMPLÈTEMENT À PERDRE PIED

En entrant dans l'église, j'ai pensé que c'était là, peut-être, que les funérailles avaient eu lieu.

Simone est assise dans la première rangée réservée à la famille et aux proches, son visage laisse à peine paraître l'ombre qui s'est emparée d'elle. À ses côtés, sa mère ne quitte pas des yeux le cercueil fermé. Ses pensées basculent en 1916, Eva revoit les funérailles de son fiancé parti rejoindre le front un jour de novembre gris. Quelques lettres plus tard, elle devinera sa mort, mais jamais elle n'a pu voir le corps inanimé de cet homme avec qui elle devait se marier dès son retour, oui, ils se marieraient, ils auraient des enfants, sa vie serait heureuse et laisserait derrière elle un sillon paisible.

Mais il n'est jamais rentré, et elle acceptera d'épouser Édouard, alcoolique qui l'obligera à satisfaire ses désirs jusqu'à lui donner quatre enfants qu'elle élèvera seule, tout en gardant en elle le visage du soldat jamais revenu de cette guerre qui a dévoré son futur, jamais elle ne l'oubliera, ni dans ses rêves ni dans la dure réalité d'une existence faite de solitude et de compromis.

Simone pleure en silence, assise sur le banc de bois de la première rangée de l'église sombre, en cette fin du mois de mai, comme si l'hiver durait et durerait l'éternité, il n'y aura pas de printemps. C'est un jour de grands vents presque chauds, mais ils ne chassent rien du vide qui s'est jeté sur elle, ils ne repoussent pas le poids de tristesse que chaque minute insinue dans sa chair.
Le cercueil aussi est vide. Il n'y a rien à l'intérieur, des paquets de tissu peut-être, pour donner l'illusion d'un poids. Le corps d'Antoine n'a pas été retrouvé, il erre quelque part au fond du fleuve, les yeux fermés, les bras en croix sans doute, des lambeaux de chair déjà ensevelis par la vase. Grugé par les poissons et les crustacés, le corps d'Antoine n'est pas plus ici que le cœur de Simone, ils gisent dans les eaux glaciales de la disparition.

Depuis six jours, elle s'est absentée. Ce soir-là le téléphone a-t-il sonné ? S'est-elle rendue à l'appartement qu'Antoine partage avec un copain, le lendemain matin, après avoir attendu toute la nuit un signe de lui, s'accrochant au doute, est-elle allée chez lui, souhaitant voir apparaître le visage de l'homme qu'elle aime, ignorant encore que sa vie, quelques secondes plus tard, ne serait plus jamais la même ? Et Jules était-il là lorsque la police est venue frapper à la porte pour leur annoncer l'accident ? S'est-il rendu au commissariat attester la mort de ce garçon tant aimé qu'il avait choisi pour fils, espérant le sauver de la souffrance et de la solitude, ce fils mort dans une nuit de brouillard dont personne n'émergerait, ni Simone ni son père, qui avait laissé Antoine partir seul avec *Beata* ? A-t-il raconté la scène d'un voilier quittant le port ensoleillé de Québec, ce jour de mai 1949, pour remonter le fleuve, mais dont le sillage s'est brutalement effacé entre Pointe-au-Pic et Kamouraska ?

Ce matin-là, personne ne se demande si les poèmes sauvent de la souffrance.

En sortant de l'église, Simone voit le fleuve. Le cercueil d'Antoine n'est pas inhabité. Son corps repose telle une épave dans ce long tombeau sans bords qui recrache ses morts quand il en a envie, quand il ne peut plus en porter la mémoire.

Simone scrute l'étendue. Le corps de mon amour est là, se dit-elle. Il dérive avec les courants, suit les marées, sillonne le fond, effleure les algues, bute contre un rocher puis remonte vers la surface. Un jour je nagerai, les yeux fermés, je verrai approcher un corps que le fleuve a soutiré à la terre, je saisirai une main et la reconnaîtrai aussitôt, ce ne seront plus ses eaux froides qui m'étreindront, mais les bras d'Antoine. Bientôt j'avancerai vers les vagues, ses hanches puissantes cogneront contre les miennes, je nagerai plus loin encore vers le large en flottant sur le dos, ma tête heurtera sa poitrine. Je toucherai une dernière fois son visage, poserai mes lèvres sur les siennes et nos corps s'enlaceront pour ne plus jamais se séparer. Ce ne sont pas des cendres anonymes qui me seront redonnées, mais la chair même de notre amour.

KAMOURASKA, 1949

JE SUIS PARTI PLONGER
DANS LE TROU NOIR DE VIVRE

Lorsque Simone sort de l'eau et regagne la plage, c'est l'heure qu'elle attend chaque jour. L'heure où elle ouvrira une bouteille pour qu'y glisse son désespoir. Déjà la première gorgée, porteuse d'espérance, commencera d'alléger le poids, elle sentira la douleur se dissoudre dans les effluves de l'alcool qui plonge dans l'épaisseur de la mer et en ramène des chimères et des dragons engourdis. La bouteille à moitié vide, il n'y a plus de colère, plus de tristesse, plus de nuits diaboliques accrochées à elle, plus même de souvenirs.

Les poèmes sauvent-ils de la souffrance ? À quoi servent-ils quand on traverse un océan déchaîné ? Les mots sont-ils comme des ombres qui remuent au fond des cavernes, et que l'on finit par confondre avec le réel ?

Simone se verse un verre et s'assoit à la table. Elle ouvre son cahier. Sa mère est à l'étage, sans doute en train de coudre, sa sœur n'est pas rentrée de Québec, hier soir il y avait une grande fête avec les amis – viens avec moi, lui a-t-elle dit, ça te fera du bien, mais Simone a répondu *non*.

Dans son cahier, elle écrit la rencontre avec Antoine, l'histoire de cet amour dont elle continue de ressentir la force irrésistible, même s'il n'est plus là pour la lui transmettre. Elle écrit ce que l'absence déchire davantage chaque jour, les mots atténueront peut-être l'intensité du manque, le temps fera son œuvre, comme on dit, et dilatera la réalité pour mettre à distance la blessure.

Arrivera-t-elle à laisser entrer suffisamment d'heures, de jours, de mois dans son cœur et dans son ventre pour que finisse par s'estomper la douleur ? Elle tourne en rond dans le temps qui passe. Heureusement il y a le vin, et aussi ces poèmes qu'elle écrit sans savoir où ils l'emmènent.

J'avance parmi les herbes hautes de l'absence
sans horizon, toi, ma vie
sur quel rivage de l'amour
ou de la perte de l'amour
as-tu échoué ?

Tu n'as plus d'histoire.

QUÉBEC, 1952

ET J'AI VU LE DÉCLIN DU JOUR ET LA CHUTE DE L'ARBRE

Au pied de l'autel, alors qu'elle prononce les vœux de mariage, Simone ne sait pas ce qui l'attend.

D'une voix éteinte, elle répète après le prêtre *pour le meilleur*, mais elle sait que le meilleur ne peut être que l'amour, elle répète *pour le pire*, et sait que le pire remue dans son corps, qu'il coule dans chacune de ses veines, son cœur est une feuille d'automne que les vents ont déjà trop secouée. Elle se dit que sa vie sera une chaîne de jours qui passeront entre le linge et les courses, entre l'école et les genoux écorchés des enfants, les petites maladies à soigner, le mari qui demande, le frère qui chute, comme son père, un désert qu'elle traversera sans chercher de source, sans même ressentir la soif.

Maintenant qu'elle a quitté son emploi de secrétaire bien payé, son bien-être matériel dépend de cet homme qui a dit vouloir la sauver de ce que l'absence construit en elle.

Simone ne sait pas ce qu'aurait été sa vie.

Mais que vaut une promesse que la mort peut interrompre à tout moment, et à quoi ressemble donc ce pire qu'on s'engage à traverser côte à côte ? Que pèsent de tels mots lorsqu'on sait qu'une sorte de fatalité peut nous arracher à la maison qu'on habitait, au corps qu'on enlaçait chaque soir et chaque matin, et qu'elle viendra peut-être nous déchirer brutalement ?

Simone et Adrien descendent l'allée. Ils sont *mari et femme*, ils se sont embrassés devant leurs familles et leurs amis pour valider cette union à laquelle personne ne s'est opposé, pas même Eva qui sait que sa fille entre à l'instant dans une existence mutilée. Mais la solitude serait-elle moins étouffante ? se demande-t-elle en entendant le prêtre sceller le sort de Simone comme le fut le sien un jour de 1922. Elle avait vingt-quatre ans, et Édouard vingt-cinq, elle aussi avait dit *oui* devant le prêtre et devant sa famille. Elle le connaissait depuis quelques mois à peine, c'était un homme gentil et bon qui travaillait à l'imprimerie de son père à Québec. Avec lui, elle serait en sécurité. Surtout, Eva ne pouvait plus attendre le retour de l'homme parti au front qui était son amour et devait être sa vie. Ce jour-là, elle a dit *oui*. Et les autres jours, elle murmurait *non*, en s'accrochant au retour du soldat.

Un soir d'automne, Adrien a invité Simone au cinéma. Un autre soir, au restaurant. Et ces jours-là, contrairement aux autres, elle a dit *oui*. Parmi leur groupe d'amis, Adrien est sans doute le plus charmant et le plus sportif. Il avait commencé des études d'architecture, à Montréal, mais avait dû les interrompre quand son père lui avait demandé de revenir à Québec pour travailler avec lui dans son entreprise de plomberie, alors presque en faillite. D'origine modeste, la famille d'Adrien habite la lointaine banlieue de Charlesbourg. Autant dire la campagne, puisqu'on ne trouve là que quelques petits commerces et des maisons qui n'ont rien en commun avec celles des quartiers bourgeois de la Haute-Ville où vit la famille de Simone.

Depuis longtemps, Adrien était secrètement amoureux d'elle. Plus d'un obstacle les séparait, d'abord le regard qu'elle portait sur lui, un copain parmi les autres.

Lorsqu'il a vu Simone, brisée, glisser dans l'alcool et se terrer dans la solitude, Adrien a pensé que l'empêchement le plus important était maintenant disparu et qu'il devait laisser le temps diluer la douleur de l'absence, dissoudre ainsi ce qu'il ne pouvait empêcher, l'effacer comme un brouillard étreint l'horizon. Mais Adrien ne savait pas que la souffrance est un rideau opaque qui sépare du monde. Et que le temps, s'il lèche la pointe de la lame, ne peut jamais l'arracher de la chair. Même si Simone refusait toutes ses invitations, il ne s'est pas découragé. Un jour elle a dit *oui*. Ils se sont fréquentés quelques mois, puis Adrien l'a demandée en mariage. Elle a encore dit *oui.*

Elle ne sait pas ce qu'aurait été sa vie.

Peut-être la même, mais avec en plus cette force irrésistible qui lui manque tellement au moment de dire *oui, je le veux,* de prononcer ces mots comme une trahison envers l'homme dont elle ne cesse de sentir le souffle qui s'abat dans son cou, chaque nuit, elle entend son pas et sa voix qui murmure l'amour – est-ce seulement un rêve, se demande-t-elle, vais-je entrer dans une histoire qui ne sera jamais la mienne ?

Simone regarde sa mère assise dans la première rangée de l'église. Eva n'a-t-elle pas *refait sa vie* et trouvé quelque bonheur avec ses enfants ? Son mariage a cédé, elle a remis ce mari entre les mains de sa fille Simone qui savait s'approcher doucement de lui alors qu'il était accoudé au bar en train de séduire une femme, un verre à la main. Il aurait raconté n'importe quoi pour que cette femme se retrouve avec lui dans l'une des chambres du chic Hôtel Clarendon, et l'on connaissait bien Édouard maintenant, le portier l'accueillait par son nom lorsqu'il arrivait, en début de soirée. Plus tard, il voyait entrer une jeune fille qui allait directement au bar et s'approchait d'Édouard, posait délicatement la main sur son bras pour attirer son attention. Dès qu'il apercevait le visage de sa fille, il cédait. Inclinant la tête, il se levait aussitôt comme un gamin pris sur le fait, sortait avec elle en saluant le portier qui lui disait : *À demain, monsieur Édouard !*

Eva aurait-elle tout oublié de ce mariage sans amour qui a cassé alors qu'elle paraît aujourd'hui réjouie et soulagée de voir Simone au pied de l'autel avec Adrien ?

Même s'il n'est pas de notre milieu, se dit Eva, au moins elle ne restera pas seule comme sa sœur, deux *vieilles filles* dans la même famille, ce serait trop. Adrien voudra la rendre heureuse – n'est-ce pas la signification de son prénom, *celui qui veille au bonheur de son foyer* –, mais ma fille demeurera emmurée dans la solitude du souvenir, pense-t-elle encore.

Simone ne sait pas ce qu'aurait été sa vie. Peut-être la même, peut-être celle de toutes les femmes qui abandonnent les études ou leur emploi de jeunesse pour se marier, habiter une maison qui appartient à leur époux, faire les courses, les repas, la vaisselle, avoir des enfants, leur donner le bain, les mettre au lit, et le lendemain les pousser hors du lit pour qu'ils aillent à l'école, et tout l'amour du monde soudain repose sur ces petits êtres, toutes les réparations passent par eux.

Les heures qui reviennent en boucle avec leurs tâches chorégraphiées, voilà ce que sera ma vie, se dit Simone, une histoire pareille à celle de ces femmes qui mettent en veilleuse d'autres destinées pour épouser celle de leur mari. Car tout cela n'a de sens que si l'on choisit cette vie, et que le fil sur lequel on étend les vêtements de l'homme et des enfants nous relie, plutôt que d'être tendu au-dessus d'un abîme qu'on ne finit jamais de traverser.

Simone a-t-elle eu le temps de rêver d'une carrière avant qu'Antoine n'emporte avec lui l'idée même du rêve et de l'accomplissement ? Bien sûr cette existence parfaitement réglée lui accordera quelques pauses, Adrien lui promet une vie belle, les samedis soir ils iront au restaurant en famille, il y aura le ski l'hiver et le golf l'été, durant une ou deux semaines son mari louera une maison au bord de la mer, elle pourra lire sur la plage, peut-être même écrire lorsque les autres seront au lit. Elle sentira alors le souffle d'Antoine dans son cou, et le matin, en marchant sur le sable, elle regardera les eaux chaudes de la mer qui n'avaleront aucun amour.

J'ai l'obligation d'avancer, pense Simone. Je ne sais pas si je suis en train de me tromper de vie en épousant Adrien. Mais si je ne le fais pas, que deviendrai-je ? Une femme seule à vingt-cinq ans, on me traitera de *vieille fille* comme on le dit de ma sœur Agathe, ignorant qu'elle fréquente en secret un homme marié, j'ajouterai au déshonneur de la famille. Je ne peux pas faire ça à notre mère qui a déjà le poids de quatre enfants et un mari qui n'en porte que le nom. Sans aucune promotion possible, je resterai secrétaire, essuyant le mépris de mes collègues, ou bien je deviendrai la maîtresse de l'un d'eux, dépendante du temps et des faveurs qu'il voudra bien m'accorder. Mes amies désormais mariées auront bientôt des enfants, que ferait-on d'une femme seule au bout de la table au jour de l'an ou lors des anniversaires ? Suis-je en train d'être jetée dans une vie qui n'est pas la mienne et qui me rappellera constamment l'ampleur de la perte ?

Vous êtes maintenant mari et femme.

COMME LE NUAGE CHOISIT
LE PAYSAGE

Adrien aurait préféré que les choses se passent autrement. Mais il sait bien que la vie est un mouvement qu'on ne peut ni prévoir ni arrêter. Il sait aussi que tout se transforme, souvent à notre insu, on ne fait pas attention à une situation, ou à un être, et quand on revient, ce n'est plus tout à fait le même visage, les choses ont changé. Un peu d'ombre ou un peu de lumière a ouvert un chemin, en a refermé un autre.

Adrien n'a pas quitté Simone des yeux. Il l'a suivie du regard alors qu'elle remontait l'allée de l'église au bras de son père, cet homme qui fait souffrir toute la famille, se dit-il, au moins il n'est pas arrivé soûl, je n'ose imaginer s'il avait fallu que Simone aille le sortir du Clarendon aux petites heures ce matin, et quelle honte s'il était entré en titubant.

Simone sourit, tandis que lui, Adrien, fils de plombier, la regarde. Dans moins d'une heure, il sera l'époux de cette femme dont il est amoureux depuis des années. Il l'observait constamment, sans qu'elle puisse s'en apercevoir, il aimait son rire et ses yeux si bleus, ses cheveux comme des flammes dans le vent, cette femme ne sera jamais mienne, avait-il pensé lorsqu'il avait appris qu'elle était fiancée avec un marin plus âgé qu'elle.

Mais comment la mère de Simone pouvait-elle la laisser fréquenter cet homme qui paraissait si instable et n'avait pas de véritable profession, se demande Adrien, alors que sa future épouse s'immobilise devant lui, détache son bras de celui de son père et pose sa main dans la sienne. Enfin elle sera ma femme et chaque jour avec elle sera une grâce. Que s'efface ma souffrance de les avoir aperçus enlacés, en train de s'embrasser en pleine rue. Simone semble comblée en ce moment, oui, on dirait que son regard brille comme je ne l'ai jamais encore vu briller. Ils doutent tous que je la rendrai heureuse, mais j'aurai un bon emploi, nous vivrons avec nos enfants dans une grande maison, alors oui, elle sera heureuse, nous irons à la mer l'été, à la montagne l'hiver, nos enfants auront des enfants et nous ferons des chasses au trésor le jour de Pâques, des fêtes de Noël magiques, oui elle sera heureuse, ma femme...

Sur le banc de la première rangée, son père Henri, sa mère Édith, leur fierté est évidente, dans moins d'une heure, leur fils aîné sera marié avec une jeune fille de la bourgeoisie. On a bien fait d'aller s'acheter des vêtements neufs, comme ça nous aussi on a l'air de venir de la Haute-Ville, ah qu'elle est belle, cette femme qu'il épouse, mon fils sera le meilleur parti pour elle, se dit Henri en posant sa main sur celle d'Édith, qui a les larmes aux yeux en remarquant le sourire qui éclaire le visage de son fils – je n'aurais jamais cru qu'il la convaincrait de l'épouser, pense-t-elle, j'espère seulement qu'il ne sera pas déçu, que cette femme est consciente de ce qu'elle fait, épouser un homme quand on en a aimé un autre, je ne sais pas comment elle fait pour sourire ainsi, elle ne l'aimait peut-être pas autant que le voulait la rumeur, c'était un peu étrange de les voir, maintenant c'est un vrai couple, ah mon fils, pourvu qu'il ne souffre pas…

Vous êtes maintenant mari et femme.

KAMOURASKA, 2018

LA NUIT A EU LE TEMPS
DE TOMBER

Juliette est venue me rejoindre. Je l'ai appelée deux jours après mon arrivée ici, et aussitôt qu'elle a entendu ma voix, elle m'a dit qu'elle prenait le bus le lendemain matin.

Elle est arrivée en fin d'après-midi. Je m'étais promenée toute la journée dans le village, ma mère avait marché elle aussi sur le sable froid, elle avait ramassé des coquillages restés intacts et des pierres lissées par la mer, comme moi elle était allée sur le quai, s'était assise tout au bout, les jambes ballantes, et le vent avait créé des nuages dans nos yeux.

J'ai apporté deux des cartons remplis de photos, de carnets et de coupures de journaux. Maintenant je sais, sur la photographie, ce n'est pas un oncle ou un cousin, c'est lui, Antoine, plus tout à fait un jeune homme à côté de ma mère qui a sans doute à peine vingt ans et semble si heureuse. Ce pourrait être la seule photo qu'elle avait de lui, l'unique preuve de leur amour.

Parfois elle allait peut-être ouvrir le tiroir de sa table de chevet et poser son regard dans celui d'Antoine pour retrouver cette force qui devait lui manquer, le soir, lorsqu'elle se glissait sous les couvertures et rejoignait son mari en lui tournant le dos – cette force lui manquait-elle le matin lorsqu'elle préparait le petit déjeuner pour mon père et moi, et les nuits de Noël, en sortant de la messe, le cœur vacillant, croyait-elle à la résurrection des âmes et à la rémission des péchés, pensait-elle qu'à la fin il ne reste de nous que cette poussière de cendre faite de chair chiffonnée, d'organes alanguis et de quelques ossements grugés par la terre ? Concevait-elle qu'on puisse être emporté au fond d'une mer qui exerce une telle cruauté que toute idée de foi en quelque chose d'invisible ou d'immatériel est aussitôt expulsée ?

Simone avait plusieurs visages. Le premier, triste et ténébreux, celui des bords de mer et des crépuscules, le deuxième, coléreux, celui des corvées ménagères et de l'existence matérielle, le troisième, radieux, celui de l'apéro et des soirées bien arrosées entre amis, celui aussi des voyages avec son amie Charlotte ou avec sa sœur Agathe, quand elle se laissait porter loin de sa réalité – Málaga, Grenade, Lisbonne, Faro –, elle en rapportait de la force, des fous rires et des éclaircies pour le cœur.

Enfant, quand on partait pour les vacances, je retrouvais ma peur de l'océan. Je redoutais l'instant où mon père allait me prendre par la main pour qu'on se baigne ensemble, les vagues semblaient si hautes et si fortes, mais je ne laissais rien paraître de mes appréhensions, je souriais en me demandant pourquoi ma mère ne venait jamais avec nous. Elle restait plutôt sur la grève, le regard éteint jusqu'à ce qu'elle ouvre un livre ou un cahier et se mette à écrire. J'avais oublié ce souvenir, mais je la revois maintenant qui pose sur ses genoux son sac de plage rempli de toutes ses inquiétudes et ses précautions, nous dit, à mon père et moi, d'aller marcher sans elle, et quand nous revenons, elle s'empresse de refermer le cahier.

Quand Juliette est arrivée, on est allées manger au restaurant que j'avais trouvé la veille, et qui donnait sur le fleuve.

Durant tout le trajet pour venir te rejoindre, me dit Juliette, j'ai pensé à ce que tu m'as raconté. Je comprends que tu sois si ébranlée. Défricher, creuser, tamiser, ratisser, c'est toujours une manière de s'exposer au recommencement.

Quand je peins un tableau, poursuit Juliette, je dispose d'abord les couleurs à grands coups de pinceau. Puis je laisse sécher légèrement la surface avant d'y revenir et de la lisser avec une sorte d'instrument métallique que j'ai moi-même fabriqué. Je laisse de nouveau durcir un peu la peinture. Chaque étape de séchage et de lissage déplace le tableau, le dégage de ce qu'il était pour l'emmener vers ce qu'il peut encore devenir, ajoutant une nouvelle histoire à celles qu'il porte. Je retouche ainsi la surface jusqu'à ce que ces repentirs s'épuisent et se transforment en un recommencement qui appelle un nouveau tableau.

Au milieu de la soirée, on est rentrées à l'hôtel et j'ai ouvert avec Juliette les boîtes qui allaient emporter ailleurs le lien que j'avais eu jusque-là avec ma mère.

IL Y AVAIT SUR L'EAU
UN PEU PLUS DE LUMIÈRE

Nous avons étalé sur l'un des deux lits de la chambre les articles de journaux. Ils concernaient tous le naufrage de l'*Empress of Ireland*.

Encore aujourd'hui, on ne s'entend pas sur le nombre exact de morts dans cet accident. Le 29 mai 2014, on a souligné à Sainte-Luce-sur-Mer le centenaire de la catastrophe. À 1 h 55 du matin, les cloches ont résonné dans les églises de Rimouski et de Sainte-Luce. Plusieurs descendants des disparus étaient sur place, je n'y avais pas prêté attention alors, mais en faisant des recherches, je vois qu'on en a parlé dans les médias. Une trentaine de personnes ont participé aux commémorations et se sont rendues en mer, au petit matin, sur les lieux mêmes du naufrage.

Parmi les descendants des victimes, les arrière-petits-fils des commandants de l'*Empress* et du *Storstad*, le navire qui a embouti l'*Empress* dans une scène d'horreur et de chaos. Ils sont allés juste au-dessus de ce cimetière marin où reposent les restes de quelque cinq cents corps, dont plusieurs membres d'équipage. Parmi eux, des matelots d'à peine vingt ans sont morts cette nuit-là, pour la plupart venus d'Angleterre où se dirigeait l'*Empress*. Là-bas, ce même jour de 2014, une messe a été célébrée, à laquelle ont assisté plus de cinquante familles de victimes dans une église bondée.

Puis la foule s'est déplacée vers le monument à la mémoire de ceux qui ont perdu la vie cette nuit-là, et dont les noms ont décliné au bout de l'horizon jusqu'au silence. On a lu la liste des disparus, les noms prononcés un à un faisaient reparaître le visage de chacun, ramenant pour certains une marée de souvenirs, et la pierre gravée devenait une encre invisible qu'éclairait le feu des mots.

Longtemps on a oublié cette tragédie maritime – pourtant l'une des plus importantes du début du XXe siècle, avec celles du *Titanic* et du *Lusitania* –, sans doute parce qu'elle s'est produite deux mois seulement avant le déclenchement de la Première Guerre, ce qui l'a rapidement éclipsée.

Certains soutiennent que, sur les deux mille deux cents passagers, mille cinq cent treize sont morts. D'autres avancent plutôt le nombre de mille quatre cent quatre-vingt-onze disparus sur deux mille deux cent un voyageurs. On lit ailleurs mille cinquante-sept. Le seul chiffre qui ne change pas est celui des enfants. Sur les cent trente-huit enfants qui étaient à bord, cinq ont survécu.

Comme si le brouillard refusait de se dissiper, les corps se perdent au milieu de chiffres ondulant devant nos yeux, ils se fondent dans des statistiques inconstantes qui ne font que brouiller davantage l'image déjà floue.

Parmi les coupures déposées dans la boîte de Simone, il y a la page d'un journal de Québec où l'on énumère le nom des personnes dont le cadavre avait été repêché et ramené au quai de Rimouski, transformé en morgue ces jours-là. La tragédie était sans précédent, aucun espace dans la ville ne pouvait accueillir autant de morts, on avait donc aménagé un hangar en un lieu où l'on arrivait de partout pour identifier des corps démantelés dont le visage ne serait parfois qu'une vague impression dans les yeux des proches.

Puis il y avait le nom des individus dont on n'avait jamais retrouvé la dépouille. Au total, près de mille cinq cents personnes, sur deux grandes pages du journal. On devrait lire la liste, me dit Juliette, pour voir si on en connaît. Une amie, c'est souvent celle qui pointe les angles morts qui nous cachent ce qu'on doit regarder, elle nous plonge la tête dans une réalité à laquelle on préférerait échapper. Même si j'appréhende la démarche, c'est la seule chose à faire avec ce journal. Au milieu de la page de gauche, je crois reconnaître deux noms.

QUÉBEC, 1958

D'ABORD IL Y A DEUX ROUTES. C'EST LE COÏT QUI LES RASSEMBLE. PUIS IL Y A TROIS ROUTES

On ne s'attendait pas à une tempête de neige, fin avril, au moment où les glaces craquent sur le fleuve, au moment où l'on range les bonnets et les foulards, les bottes hautes qui ont traversé un autre hiver.

La neige a commencé par tomber légèrement. Puis les vents se sont levés, et on ne voyait plus qu'un tourbillon blanc.

Adrien ne laisse rien paraître, mais il est nerveux. La voiture va-t-elle démarrer, j'aurais dû faire vérifier le carburateur, se dit-il, j'ai assez d'essence, oui, j'ai fait le plein avant-hier, mais une telle tempête de neige en avril, je n'ai jamais vu ça, il fallait bien que ça arrive cette année...

Il saisit la petite valise, ouvre la porte de la maison et aussitôt un nuage de flocons s'engouffre dans le couloir. Je vais démarrer la voiture, crie-t-il, elle va avoir le temps de réchauffer avant que tu sois prête à partir ! Il prend une couverture.

Il espère que ce sera un garçon, mais il sera aussi heureux d'avoir une fille, ça fait longtemps qu'il souhaite que Simone tombe enceinte, mais c'est la nature qui décide, et elle n'est pas vraiment *portée sur la chose*, il doit insister, d'abord il se montre tendre, puis il la force à céder, un homme a besoin d'être satisfait, après tout ça fait partie de la vie de couple, pense-t-il. Il déplie la couverture et l'étend sur la banquette arrière, Simone va peut-être préférer s'allonger plutôt que s'asseoir devant.

Il y a neuf mois, il a insisté. Elle restait de glace alors qu'il s'approchait d'elle pour l'embrasser après qu'ils furent tous deux rentrés d'une soirée bien arrosée entre amis. Un peu ivre, il l'a enlacée plus fermement que d'habitude, Simone essayait de se libérer de l'étreinte mais, amortie par l'alcool, elle n'y arrivait pas, il l'a empoignée et tirée vers le lit, déjà prêt à s'enfoncer en elle, Adrien l'a retournée face contre les draps, il a plaqué son corps contre le sien, la respiration haletante, il murmurait des mots inaudibles à l'oreille de Simone que sa langue fouillait avec un aplomb qu'elle ne lui connaissait pas, puis il a brutalement planté son sexe en elle, et sans doute aurait-elle été effrayée par cette ardeur presque violente si son corps n'avait pas été engourdi.

Étendue à plat ventre sur le lit, le visage enfoui dans l'oreiller au point d'avoir de la difficulté à respirer, Simone ne sait plus très bien où elle est, son corps est si mou, elle aurait envie d'un autre verre, mais elle ne peut bouger, Adrien s'est couché sur elle de tout son poids, il lui fait mal, elle n'a pas le courage de l'affronter, et il est si vigoureux ce soir, se dit-elle au moment où elle sent une coulée de salive descendre dans son oreille, l'odeur la dégoûte, elle se dit qu'un effort suffirait peut-être à l'arrêter, ou bien elle pourrait crier, mais les voisins l'entendraient et la situation serait terriblement gênante, elle rassemble ses forces et s'apprête à cambrer les reins pour se donner un élan, mais elle ressent alors comme une déchirure dans son ventre, et elle ne peut plus bouger.

Une fois soulagé, Adrien s'est retourné sur le côté opposé du lit et s'est endormi en pensant à une jeune femme rencontrée trois semaines plus tôt à Chicoutimi, au bar de l'hôtel.

KAMOURASKA, 2018

COMMENT FAIRE
POUR QUE VIEILLIR,
CE SOIT RENAÎTRE ?

Nos bagages prêts, Juliette et moi nous apprêtions à retourner à Montréal. Elle est allée faire le tour des galeries d'art de Kamouraska avant le départ, tandis que j'allais marcher de nouveau au bord du fleuve. Je voulais le regarder et l'entendre et le respirer encore une fois avant de repartir. J'espérais sans doute qu'il me raconte un autre fragment de l'histoire.

Le ciel est gris, l'étendue presque immobile, les nuages remuent sans apparente direction, ils rôdent au-dessus des eaux encore froides de cette fin d'avril, les heures semblent s'être figées comme la couleur de l'eau, du sable et des rochers tout autour. Le paysage est d'abord un contact intime avec le temps, avec les centaines et les milliers d'années qu'il a fallu pour façonner l'horizon que la lumière continue de recréer chaque jour.

Les images de mon enfance se bousculent, les souvenirs affluent, nos hivers à la montagne et nos étés à la mer, Simone, un cahier à la main, c'était donc cela qu'elle écrivait alors, son histoire et des poèmes brefs et fragiles comme l'aile d'un papillon, comme des lampes vacillantes qu'on allume dans le noir de nos vies, et qui tendent devant nous une passerelle jusqu'au matin.

Dans ces cahiers de couleurs différentes – pas de rose, mais le bleu pour le déroulement des jours et des années, le vert et le jaune pour la poésie, celle dont Simone recopie des passages et celle qu'elle écrit au milieu des pages comme de petits édifices de mots qui arrivent à soutenir les heures, des lignes qui tiennent en équilibre, un monde réduit que les poèmes agrandissent –, Simone consigne ce qui rend possible une vie déchirée entre le désir et l'amour dont la puissance continue de résonner, et les tiraillements d'un couple qui erre parmi les ruines.

Chaque matin, elle se lève au milieu d'une existence mutilée qu'elle ne sait habiter, elle a beau essayer de s'extirper de la carapace de son passé pour retrouver la part manquante d'elle-même, Simone n'arrive qu'à s'échouer sur un rivage de coquillages effrités et de carcasses rongées par le temps. Elle a abouti dans une vie qui n'est pas la sienne, dans un mariage qui n'est pas le sien, et sa fille ignore le naufrage dont elle est peut-être la véritable survivante.

Elle écrit des poèmes et parfois c'est la seule chose qui parvient à l'apaiser. Elle arrache son mal au silence, laisse la musique des mots l'enlacer, alors elle se dit qu'elle aimerait aller aussi loin que ses poèmes.

Comment ai-je pu l'oublier, cette scène tant de fois répétée où Simone est assise avec un large cahier jaune dans lequel elle écrit, le bruit de son vieux stylo écorche le papier, son regard oscille, va de la page vers le vide, quelque part au bout de la mer, entre l'indicible et les mots, comment ai-je pu oublier les moments où, en sortant de l'école à la fin de la journée, j'entre dans la voiture et ma mère referme aussitôt le livre qu'elle était en train de lire, elle me sourit et me demande : *Comment était ta journée, Hanna ?* Lui ai-je jamais demandé, moi, comment s'était passée sa journée ? Simone avait-elle chaviré ou tenu bon sur le quai des grands vents, s'était-elle aventurée dans sa forêt percée de poèmes, avait-elle entendu les oiseaux du printemps, vu quelques lucioles, ou bien les ombres avaient-elles continué de pousser en elle comme des pins qui étendent leurs aiguilles ?

J'arrête de marcher et je m'assois sur l'un des rochers qu'a dénudés la marée basse. Simone me rejoint. Elle pose sa tête sur mon épaule, me dit que les oiseaux n'ont pas refermé leurs ailes dans nos poèmes, les mots retiennent les pétales de se froisser.

Je suis la petite fille devenue la mère de ma mère et de ses océans insondables, la petite fille à la patte manquante qui cherche le chemin de la maison.

Je revois Simone et Adrien, nouveaux mariés au bord du lac Louise, dans les Rocheuses, mon père m'a souvent raconté leur voyage de noces, mais c'est un tout autre voyage que Simone décrit dans l'un de ses cahiers bleus.

La route a été longue, écrit-elle. À peine descendus à l'hôtel, ils vont se promener autour du lac pour se délier les jambes. Le paysage est éblouissant de beauté – *d'une beauté cosmique*, c'est le mot qu'utilise Simone. Les glaciers forment de larges courbes qui tombent dans les eaux d'un bleu émeraude. Le jour de leur arrivée, des nuages couvrent les sommets, *La Terre est belle*, c'est la phrase que Simone a écrite, et elle se termine par ces mots : *mais je ne peux pas.*

Puis elle parle du fiancé d'Eva, de ce soldat dont elle ignore le nom, mais elle sait qu'elle allait l'épouser dès qu'il rentrerait du front, c'est à lui qu'elle se serait unie plutôt qu'à Édouard, et la forêt aurait été un paysage de longues tiges sans ombres. Serais-je née d'un autre père et dans une autre vie, se demande Simone, aurais-je aimé Antoine, aurais-je même jamais aimé ?

BIENTÔT ON NE DISTINGUERA
NI L'OMBRE NI LA LUMIÈRE

Je me lève pour retourner à l'hôtel où je dois rejoindre Juliette. Je dépose les boîtes de Simone sur le siège arrière de la voiture, j'entasse les bagages dans le coffre.

Une fois prête à repartir, Juliette propose de continuer à descendre le fleuve jusqu'à Rimouski plutôt que de rentrer tout de suite à Montréal. Juliette n'avait jamais entendu parler de la tragédie de l'*Empress of Ireland* avant que je la lui raconte. Moi-même, j'en ignorais tout jusqu'à ce que je découvre les articles de journaux.

Sur la route qui longe le fleuve, je lui parle des immigrants finlandais qui retournaient en Europe, des couples séparés alors même que le paquebot coulait – parfois l'un des deux aura survécu, ou périra en essayant de sauver l'autre –, certains ont dérivé durant deux jours sur quelques bouts de bois avant d'être rescapés. La mort s'était infiltrée dans leurs yeux, elle n'en est jamais ressortie. Juliette se rappelle que je lui ai parlé de cent trente-trois enfants emportés cette nuit-là, arrachés en quelques minutes à peine à leurs rêves qui resteront à jamais inachevés.

Mais les coupures de journaux, me demande Juliette, comment ta mère a-t-elle pu les trouver ? Elles datent de 1914, Simone n'était même pas née. Sais-tu pourquoi elle s'est tant intéressée à ce naufrage ? J'imagine que ça doit être étrange de réaliser qu'on ignore tout de sa mère. En fait, je ne connais pas la mienne non plus, ajoute-t-elle, je n'ai même pas essayé de rapiécer mon histoire, ou de la retrouver. Je sais si peu de mes parents adoptifs, mon père partait pour l'usine chaque matin à 5 h 30, déjà épuisé et dégoûté par cette vie de misère transmise de père en fils où on lui lançait des ordres dans une langue qu'il ne comprenait pas. Dès qu'il franchissait la porte de la maison, à 16 heures, il allait droit au frigo et se versait une première bière tandis que ma mère préparait le souper qu'il dédaignerait – elle ne fait que s'occuper de Juliette depuis qu'ils ont adopté la petite qu'elle couve jusqu'à l'étouffer, se dit son père, Juliette n'avait que trois mois, sa mère ne pouvait l'élever seule alors c'était nous ou l'orphelinat. Micheline voulait tellement qu'on la prenne, j'ai fini par accepter pour lui faire plaisir, mais on est morts ce jour-là, ou peut-être qu'on l'était déjà bien avant, peu importe, c'est trop tard maintenant, pense-t-il encore en débouchant une autre bière, au moment où sa femme laisse précipitamment ses fourneaux pour accueillir Juliette qui rentre de l'école.

De mon enfance, continue Juliette, je me souviens des nuits où ma mère m'emmenait avec elle dans son lit, et lorsqu'elle entendait la porte de la cuisine s'ouvrir, elle s'empressait d'aller me reconduire dans ma chambre.

Alors elle me borde et me demande de fermer les yeux, d'imaginer qu'on est toutes les deux à la mer, on se baigne ou on joue ensemble, on construit un château de sable qu'on offrira à la prochaine marée. Puis ma mère sort de la chambre…

Juliette entend alors des cris et des coups, des portes qui claquent, des objets balancés contre le mur, elle enfouit sa tête sous l'oreiller – se demande-t-elle à cet instant pourquoi elle a échoué dans cette famille ? –, les cris sont trop forts, comme chaque fois, elle a peur qu'il tue sa mère, alors elle se lève et va dans la cuisine, elle voit le bras de son père tendu haut dans les airs et qui retombe violemment sur le visage de sa mère déjà accroupie près du frigo. Son père se retourne vers Juliette en pleurs, il la renvoie dans sa chambre en criant que c'est une affaire d'adultes, mais Juliette ne bouge pas, elle a croisé le regard de sa mère qui ne la quitte pas des yeux, le père sait qu'il ne peut toucher à sa fille, il ne peut dépasser cette limite, sinon, il le sait, sa femme le tuera.

Les poèmes nous sauvent-ils de la violence tapie au fond des êtres ? se demande Juliette. Elle sait qu'un poème a la force de nous chasser brutalement de l'enfance. Elle n'a pas oublié celui qu'elle a lu à quinze ans, elle n'en pouvait plus de cet horizon bouché par le passé, elle s'était réfugiée chez Hanna pour la nuit. Au matin, elle savait que son enfance s'était refermée.

Un enfant est en train de bâtir un village
C'est une ville, un comté
Et qui sait
       Tantôt l'univers.

Peindre, me dit Juliette, est peut-être ma manière de répondre à cette violence intime, de consentir au mouvement des ombres.

C'est peut-être aussi ce que je fais. Consentir au mouvement des ombres. Tout paraît si clair pour Juliette. Depuis toujours, elle voit son chemin et le suit. Même si elle ignore d'où elle vient et qui sont ses parents biologiques, même si le fracas des coups est son unique legs, qu'elle a grandi avec une mère qui l'a enfermée dans la cage de son amour, on dirait que Juliette pressent depuis toujours qu'elle s'échappera, qu'elle ne sera pas de ce monde – toute petite, sait-elle déjà que l'art pourrait bien la sauver et que l'atelier de couleurs et de papiers deviendra sa seule maison ?

On ignore ce qui permet d'éclairer le chemin vers soi, continue Juliette. Tu te souviens de nos jeux, quand on était enfants ? Plutôt que de s'amuser avec des poupées ou de prendre le thé, on imaginait une galerie d'art où étaient exposés mes dessins de jardins, de montagnes et de forêts. Toi tu accueillais nos visiteurs fictifs à qui j'expliquais longuement le sens de chacune de mes œuvres. Après avoir marchandé leur prix, ils repartaient avec un tableau sous le bras. Avec cet argent, on pouvait alors acheter un appartement de plusieurs pièces où l'on habitait toutes les deux. On inventait des jeux que l'on voulait semblables à nos vies futures. L'art avait peut-être commencé de nous sauver.

Juliette a su rapidement métamorphoser son monde de silence et de cris en des abstractions qui renouvellent notre manière de percevoir et de ressentir les choses. Pour ma part, dès que j'ai commencé à écrire, j'ai compris que ce travail sur le langage faisait émerger une foule d'incertitudes et de fragilités, et que les mots creusaient ainsi le malaise sourd qui me poursuivait.

Puis un jour ils se sont mis à bouger autrement sur la page. Sans en parler à qui que ce soit, j'écrivais des poèmes. La langue me semblait soudain chercher des trouées lumineuses, oui, c'est sans doute ce que je souhaitais secrètement, entre mes cours à l'université, ou dans ma chambre, les soirs où je n'étais pas avec Juliette, j'écrivais pour trouver *la vraie vie*, celle qui était ailleurs, ignorant que dans la pièce voisine ma mère cherchait la même chose.

Je voulais découvrir l'origine de l'ombre dans la jeune femme que j'étais, rongée par une tristesse venue de nulle part, qui voilait l'horizon. Je regardais les gens vivre joyeusement et aimer, mais j'étais incapable de l'un comme de l'autre. Dans la pièce voisine, Simone remplissait un cahier jaune.

Les mots, je le pressentais, allaient m'inventer d'autres chemins que celui qui apparaissait chaque matin alors que j'assistais, impuissante, à une cassure que je ne pouvais réparer. En les pétrissant comme de l'argile, je recréais le sens des choses. Chaque poème que j'écrivais perçait déjà une brèche dans l'obscurité, soufflait sur le brouillard qui pesait dans la maison.

Juliette n'est pas d'accord, mais pour moi, l'identité a besoin de la vérité. Je dois connaître l'unique survivante que je suis d'une histoire trouble, et savoir à quel naufrage ma famille n'a pas échappé.

SAINTE-LUCE-SUR-MER,
1914

L'HEURE OÙ NOUS GLACE
LE SOUFFLE
DES ÉTOILES ÉTEINTES

Arthur Corrigan, sa femme Emma et leur fils de quatre ans font la file sur le quai. Ils s'apprêtent à embarquer à bord du paquebot qui les ramènera en Angleterre pour compléter les formalités. Arthur a décidé d'immigrer en Amérique, plus précisément au Canada, où il pourra facilement trouver du travail et profiter de jours paisibles. Il sait que la guerre menace en Europe et veut mettre sa famille à l'abri. Il a vingt-quatre ans, Emma vingt-trois, rien n'est encore figé pour eux, ils peuvent construire leur vie sur cette terre nouvelle, loin des conflits mondiaux. Comme il est affligé d'un léger handicap – une malformation à une jambe –, il sera dispensé du service militaire et n'ira pas au front si le Canada se lance dans la guerre qui s'annonce.

Le petit est agité, il a tellement aimé la traversée pour venir jusqu'ici, il a hâte de remonter sur le bateau ! En même temps, il est impressionné, mille fois il demande à son père *comment ça peut tenir sur l'eau, un si gros navire, et si les vents deviennent très forts et les vagues très hautes, est-ce qu'il va basculer ?* Patiemment, Arthur explique à son fils comment flottent les navires et lui rappelle que le voilier avec lequel il prend son bain n'a jamais chaviré malgré toutes ses tentatives !

Le petit adore la mer. Durant la traversée, il presse ses parents de l'emmener sur le pont pour voir le soleil apparaître sur la ligne de l'horizon, il croit que c'est un tour de magie du capitaine, le soir, il faut ranger le cerf-volant, alors tous les trois retournent sur le pont, du côté opposé à celui où ils étaient le matin, et regardent la fin très lente du tour de magie du capitaine.

Cette nuit-là, les étoiles se sont éteintes.

Arthur et Emma ne sont pas retournés en Angleterre, ils ne sont pas revenus au Canada, ne se sont pas installés à Calgary, et Arthur n'a pas été engagé par la compagnie de chemin de fer Canadian Pacific, il n'est pas devenu l'un des hauts dirigeants qui décidera des trajets pour les nouvelles voies reliant l'ouest à l'est du pays, il n'est pas rentré à la maison à la fin de sa journée de travail pour y retrouver sa femme Emma en train de préparer le souper et leur fils qui étudie pour s'inscrire à l'université l'année suivante, il veut être ingénieur et travailler lui aussi au sein de cette entreprise qui contribue à construire la grandeur de ce pays, de leur nouveau pays.

Cette nuit-là, leurs vies ont été happées en quatorze minutes par une brèche de quatre mètres sur quatorze dans la coque, alors que deux cent soixante-dix mille litres d'eau à la seconde pénétraient dans le bateau à vapeur opéré par la Canadian Pacific. Cette nuit-là, les étoiles se sont éteintes au-dessus de plus de mille passagers de l'*Empress of Ireland*.

Emma était profondément endormie, elle n'a pas entendu le grondement qui annonçait la suite. Comme tant d'autres entassés dans les cabines inconfortables de troisième classe, elle souffrait du mal de mer. Dès que le bateau a levé l'ancre, elle a donc pris une tisane d'herbes pour soulager la nausée qui la tenaillait, des herbes apparemment inoffensives, mais qui ont suscité chez elle une telle torpeur, c'est étonnant qu'elle soit si profondément endormie quand le grondement se transforme en un bruit assourdissant.

Lorsqu'elle ouvre les yeux, elle voit quelques objets qui flottent, elle ne sait pas où elle est, le bras de son mari est tendu vers elle, mais il s'éloigne dans une brume légère qui contraste avec le visage paniqué d'Arthur, elle est si bien dans cet engourdissement, dans cette ivresse légère, si bien qu'elle ne fait aucun effort pour allonger le bras et saisir la main de l'homme qu'elle aime, à peine une seconde plus tard, elle pense à leur fils, leur merveilleux petit garçon de quatre ans – où est-il, mon enfant, au milieu de ses jeux peut-être, se demande Emma, avant de refermer doucement les yeux sur sa vie.

Arthur a vu Emma sombrer au fond des eaux glaciales, il ne pouvait rien pour elle, tout est allé si vite. Après avoir défoncé la porte de leur cabine, il a pris son fils dans ses bras et l'a poussé dans le corridor, qui n'était pas encore submergé. Au même moment, une autre porte s'est ouverte sous la pression de l'eau, et le petit garçon de quatre ans s'est retourné, il a vu son père être projeté par la vague puis s'est mis à courir.

POINTE-AU-PÈRE, 2018

COMMENT GARDER AUDIBLE
L'ESPÉRANCE DANS LE TUMULTE

Durant le trajet en voiture de Kamouraska à Pointe-au-Père, Juliette voulait en savoir davantage sur ce que j'avais lu dans les cahiers de Simone.

Je lui avais raconté l'histoire vécue avec Antoine, qu'il était mort lorsqu'un cargo était entré en collision avec son voilier, sur le fleuve, en mai 1949, à la hauteur des Éboulements, cet amour resté vif comme une plaie jamais refermée, comme une déferlante qui menace sans jamais s'abattre.

Je ne lui avais pas dit que les cahiers verts et jaunes contenaient des poèmes que Simone recopiait, d'autres qu'elle écrivait, et que cela m'avait causé un choc d'apprendre que ma mère avait écrit de la poésie.

Juliette a saisi un des cahiers dans le carton posé sur le siège arrière, et elle a lu à haute voix l'une des pages.

> *J'ai dormi sous l'arbre du silence*
> *attachée à la branche qui déchire l'horizon*
> *seule la sève de ma blessure*
> *coule encore.*
>
> *Je marche depuis ton absence*
> *je suis cette lâche séparée d'elle-même*
> *qui se terre sous le rocher*
>
> *et si je m'éveille sans voix*
> *je mourrai encore.*

Quand elle a eu fini de lire, j'ai dit à Juliette que j'écrivais moi aussi des poèmes. *Oui, depuis longtemps. Non, je ne les ai jamais fait lire.* Elle ne semblait pas surprise. Elle ne m'a pas demandé pourquoi je le lui avais caché. Elle a simplement dit qu'elle aimerait vraiment les lire, un jour, si je le voulais.

En entrant dans le Musée Empress of Ireland, qui présente des expositions sur l'histoire du paquebot et son naufrage, nous nous sommes dirigées vers la salle consacrée à la mémoire des passagers.

JE NE SAIS PAS, CES PETITS MOTS AUX AILES PUISSANTES

Aurais-je été habitée par le désir d'être aimée par mon père au point de porter peu d'attention au lien que j'avais avec ma mère ? Elle m'aimait, je le sentais, et je voulais croire que cela me suffisait. Je n'avais rien à gagner, rien à perdre, alors qu'avec mon père tout était à gagner et je pouvais tout perdre – d'abord son amour, pensais-je. Ou peut-être me paraissait-il le plus solide des deux, ce serait donc sur lui que j'allais tout miser.

Je ne me souviens pas d'avoir eu confiance en Simone. Non pas qu'elle ait été ce qu'on appellerait *une mauvaise mère*, mais je n'arrivais pas à la saisir, à rejoindre cette femme, ma mère. Elle me semblait marcher de l'autre côté de la rive.

La seule ouverture de son monde vers le mien était celle de dangers permanents qui me guettaient, se multipliaient et se nichaient dans les moindres recoins. Simone se tenait prête à répondre au premier signe menaçant. Tout devenait pour elle une question de survie. Je ne doutais pas de son amour, et elle n'en parlait pas, s'efforçant de me maintenir sous une cloche de verre. Et à la fin du jour, comme elle, sa fille avait survécu.

C'est la nuit, j'entends les pas de ma mère. Je me lève et vais dans l'embrasure de la porte du salon. Elle reste immobile devant la fenêtre qui donne sur la rue. Le filet blanchâtre au bout de la cigarette qu'elle tient à la main fait toutes sortes de griffonnages près de son visage. Cette scène, tant de fois répétée. Souvent je suis encore debout quand mon père ouvre la porte d'entrée avec précaution, et trouve Simone au salon. Ses larmes. Leurs cris. Ma tête sous l'oreiller.

Les poèmes peuvent-ils nous donner une vie que l'on n'a pas eue ?

Je ne sais pas qui est cette femme, ai-je même eu avec elle un lien autre que celui de filiation ? *Ma mère. Sa fille.* L'amour est une donnée de départ, puis le temps peut y couler sans rien ajouter.

N'est-ce pas ce qui s'est passé dans mon premier livre ? Je parlais de mon enfance, mais Simone, m'a-t-on fait remarquer, y existe peu. Mon père défriche devant moi l'univers, ensemble nous allons tout en haut des montagnes, mais ma mère est l'absente du voyage.

Elle dans son cahier, moi dans le mien, tenait-on le dialogue que l'on n'a pas eu, et finira-t-on par se parler ?

La poésie serait-elle notre lien secret fait de mots jamais prononcés, est-elle l'envers de l'absence, une ondée qui s'abat pour éclairer un jardin de nuit ?

J'aurais aimé marcher aux côtés de ma mère, qu'elle prenne ma main dans la sienne et que je puisse sentir l'épaisseur du temps qui pénètre d'une génération à une autre, d'une femme à une autre, je me serais appuyée sur sa vie pour construire la mienne. Mais Simone est ma mère lointaine et je suis sa fille étrangère.

Aujourd'hui je tourne autour d'elle comme autour de ma naissance, je tends l'oreille pour savoir de quel secret je suis née, et quelle est cette part manquante qui a répandu de l'ombre dans toutes les pièces de la maison.

LES ÉBOULEMENTS, 1949

TANDIS QUE JE M'EN IRAI,
SANS DESTINATION

Antoine avait nettoyé son voilier – le pont, la cabine, même la coque –, il était immaculé. Comme il l'avait fait la veille, comme il le ferait peut-être encore le lendemain, après être rentré au port en fin de matinée, il avait travaillé sur son bateau plusieurs heures, avait revêtu des vêtements propres et s'était assuré que tout était impeccable à bord avant de lever l'ancre de nouveau.

À peine a-t-il effectué la manœuvre qu'il voit apparaître le visage de son père, bouche ouverte, les yeux remplis de frayeur, il aperçoit le corps de sa mère et croit sentir la chaleur de son étreinte alors qu'un vent dur gonfle les voiles de *Beata*, portant au large les souvenirs cassés de son enfance.

Tout le printemps, Antoine quitterait le port en fin de journée, il naviguerait vers le Bas du Fleuve et, après le coucher du soleil, lorsque le froid gagnerait sur la tiédeur du jour et que le brouillard commencerait à ondoyer comme un nuage effiloché au-dessus des eaux, il jetterait l'ancre au hasard et descendrait dans sa cabine pour s'étendre sur la couchette qu'il partage si souvent avec Simone, ce lit étroit chargé de leurs étreintes.

Comment traverser du purgatoire au paradis promis ? se demande Antoine en saisissant le livre de Dante resté ouvert sur la table. Je ne peux pas entrer dans cette vie avec Simone et demeurer l'amputé qui se dit chaque jour qu'il ne devrait pas être là… Si je me retourne, je l'apercevrai qui marche sur le fil des années, souriante, elle porte dans ses bras nos enfants – suis-je ce vieillard déjà mort à ses côtés, cet homme qui ne tient à rien, errant dans le labyrinthe de ses pas ? Si je regarde devant, je ne vois que l'eau froide du passé qui me paralyse et des visages engouffrés dans le silence du fleuve.

J'ai échappé à la vague ultime. Mais que vaut mon existence qui a coûté celle de mon père ? Quels bras pourraient réparer la déchirure d'avoir été arraché à ceux de ma mère ? Au fond de ce fleuve traînent leurs corps, sans adieux et sans sépulture, la nuit est sans destination.

Nous ne sommes que cinq à avoir survécu… Je devrais être reconnaissant de ces années qui me sont offertes en sursis, comblé d'avoir été adopté, entouré d'amis, et lorsque j'enlace Simone, je devrais être le plus heureux des hommes de n'avoir pas sombré. Mais je ne peux me libérer de l'étreinte de mon père juste avant qu'il ne me lance dans le corridor, happé au même moment par une lame qui défonce la porte de la cabine voisine de la nôtre.

Je me souviens que j'avais très peur avant d'embarquer sur le paquebot, on avait fait la traversée en sens inverse, et cela s'était bien passé, mais j'étais terrorisé. Je ne voulais pas que mon père le devine, alors je feignais la curiosité, je lui posais mille questions – comment flottent les bateaux, papa, et si les vagues deviennent très hautes et les vents très forts... ?

Mes parents, Arthur et Emma, reposent au creux de ces eaux, se dit encore Antoine, à quarante-trois mètres de profondeur, leurs cœurs se sont arrêtés de battre. Et le mien en même temps.

Au milieu du fleuve embrumé, le voilier d'Antoine tourne lentement autour de lui-même, comme une proie aveugle, il tourne alors qu'un bateau approche, on ne voit rien avec ce brouillard, mais on entend un choc tranquille et décisif, c'est le cargo qui prend dans sa gueule une partie de la coque du voilier et la broie.

Chaque soir je m'en remets au hasard qui décidera du moment où je reposerai avec les noyés.

Jamais je n'ai pu me réchauffer de cette nuit-là, bientôt j'apprendrai ce que font les bateaux quand des vagues trop puissantes les avalent. Simone me pardonnera, lorsqu'elle saura que le navire qui viendra percuter mon voilier, je l'appelle chaque nuit, depuis trente-cinq ans, pour qu'il dévore ma vie déjà détruite, se dit Antoine, et

> *tout à coup le vide.*
> *Le silence hostile.*
> *Le couteau de la surprise cruelle.*
> *La béance du remous qui t'invite,*
> *sournoise, à t'engloutir,*
> *et toi tu ne refuses pas.*

POINTE-AU-PÈRE, 2018

LE SOLEIL PRENAIT
DE LA HAUTEUR

Dans la salle Mémoires des passagers, Juliette et Hanna se sont arrêtées devant un grand tableau reconstituant les liens entre les victimes du naufrage de l'*Empress of Ireland* et les survivants qui se sont manifestés pour témoigner de leur filiation avec celles et ceux qui ont péri dans la tragédie.

Hanna est parcourue d'un long frisson lorsque ses yeux rencontrent un nom qu'ils croient reconnaître. Elle se souvient d'une coupure de journal trouvée dans la boîte de Simone. Dans l'avis de décès paru à la mort d'Antoine, on mentionnait qu'était décédé, dans un malheureux accident survenu sur le fleuve, le 22 mai 1949, à la hauteur des Éboulements, Anthony Corrigan, fils adoptif de Jules et Jeanne Tanguay.

Hanna fixe le tableau sur lequel sont inscrits les noms des passagers et de leurs descendants. Elle croit entendre un chœur de récitants qui scande des mots échoués sur ce mémorial comme sur un récif.

Peter Egan – Norman Carson – Dorothy Carson – John Allen – Phyllis Hogart – Elizabeth Hogart – Paul Beckett – Mary Beckett – Mark Baron – James Wilson – Gladys Wilson – Robert Abel – Rose Abel – (Tomas Abel) – Craig Quinn – Michael O'Neill – Alisson O'Neill – Tracy O'Neill – Joe Logan – William Maxwell – Margaret Maxwell – Tracy Maxwell – Dillon Marsh – Olivia Marsh – Jake Ford – Susan Ford – William Dunn – Sarah Dunn – Norman Austin – James Anderson – David O'Sullivan – Pat Bacon – Henry Lloyd – Dorothy Lloyd – Emma Milton – Abbie Milton – Peter Ryan – Jacob O'Brien – Iosep Ferris – Arthur Corrigan – Emma Corrigan – (Anthony Corrigan) – Gilbert Cunningham – Elatha Cunningham – David Quinn – Charles Wallace – George McCarthy – Dagan Tonner – (Brenda Tonner) – Art Tonner – Brian Ross – Fiona Ross – Brice McGivern – Luchar Gardner – (Tara Gardner) – (Kate Gardner) – Glenn Monaghan – Neal Williamson – Kiara Williamson – Trevor Jordan – Iollan Tormey – Tomas Shannon – Nolan McAlee – Roan Cowan – Etan Kells – Brenda Kells – Art Baker – Cormac Bannon – Abbie Bannon – David McVey – Charles Kelly – (Ailis Kelly) – Dagan Carmichael – Aslinn Carmichael – Dylan Tormey – Kate Tormey – Neil Cowan – Ross Greenfield – Luchar McCormack – Trevor Duffy – Sam Heaney – Roan McCartan

KAMOURASKA, 1949

EST FRAGILE
CE QUI PEUT SE BRISER

Simone est revenue du fleuve en grelottant, exténuée par sa longue baignade. Chaque jour, elle va ainsi à la nage, aussi loin qu'elle peut, indifférente à l'épuisement qui la gagne alors qu'elle fait face au reflux des vagues.

Après avoir mis des vêtements chauds, elle redescend au salon rejoindre sa mère. Sans un mot, elle s'assoit près d'elle sur le canapé. Deux vies côte à côte, brisées, avancent sur des ruines.

N'y a-t-il pour chacun de nous qu'un amour, un seul amour qui porte avec lui tous les autres, et à la fin, lui seul comptera ? Les autres, s'il y en a, n'auraient été qu'une manière d'errer parmi les cendres du château défait par la marée.

Et si, après avoir trouvé l'amour, après l'avoir perdu, on le cherche de nouveau, on n'aura peur de rien. Pas même de le perdre. Et faute de pouvoir le vivre, cet amour, aura-t-on tout raté ? Et si l'on recule devant lui, par peur de le perdre ? Les pensées de Simone s'entremêlent. Ou bien ce sont celles de sa mère qui lui demande soudain d'aller préparer du thé. Elle se lève et va dans la cuisine.

En même temps qu'Antoine s'est noyé, cette nuit-là, Simone a sombré dans les eaux froides de l'absence, laissant au fond du fleuve ce souffle qu'on appelle *cœur*. Comme Eva, elle a perdu l'être qui transportait avec lui l'univers entier. Ce nom – *Antoine* – n'existe plus que pour Simone.
Je resterai fidèle à cet amour, se dit-elle, les jours brûleront comme la glace, toujours je resterai fidèle à cet amour...
Et jamais Simone ne se donnera à un autre homme, même mariée, même enceinte de lui, elle qui croit au pouvoir des mots, elle nommera sa fille *Hanna* pour que coule en elle un peu de *la grâce qui pourra la sauver*, et que Dieu, s'il existe encore, la soutienne puisqu'elle ne pourra le faire, refusant d'étreindre la joie d'un amour né de sa chair, cette fille née d'un mariage de secours, d'un sauvetage qui a échoué et laissé la victime pourrir au fond des eaux.

Ma vie de naufragée, que sera-t-elle ? se demande Simone en apportant au salon un plateau avec deux tasses de thé.

ROUTE 132
VERS MONTRÉAL, 2018

MAINTENANT TU SAIS OÙ ET QUAND CES AMOURS FURENT CRÉÉES, ET COMMENT

En sortant du musée, Hanna et Juliette vont marcher au bord du fleuve. Elles restent silencieuses tandis que le soleil commence à refermer l'horizon.

Il y a quelques heures, pense Juliette, Hanna était encore la mère de Simone, celle qui aurait voulu réparer ses nuits. On croit parfois savoir l'essentiel des êtres qui nous sont proches. Il arrive qu'on souffre, et que cette souffrance ait pris naissance bien avant nous. Hanna était emportée par un courant dont elle ignorait la source, entre son père et sa mère, elle glissait doucement, alors que les années intensifiaient le brouillard.

Nous sommes amies depuis toujours, Hanna et moi, ce lien traverse le temps, se dit-elle encore. Sans vœux, sans contrat ou rituel sacré, sans les obligations auxquelles les liens du sang nous attachent, l'amitié que nous avons est sans doute l'une des expressions les plus libres et les plus naturelles de l'amour. Nous sommes dans la vie l'une de l'autre pour partager des moments comme celui-ci, liées par le silence et la beauté, par les histoires que nous savons, et celles que nous ignorons.

Pieds nus dans le sable frais, Hanna retrouve le souvenir des jours d'orage à la mer. Lorsqu'elle était petite, Simone venait interrompre ses jeux et l'emmenait dans le grand lit de sa chambre. Alors qu'elles étaient ainsi collées l'une contre l'autre, on ne pouvait dire qui avait peur et qui rassurait. Hanna aimait ces après-midi où elle restait enfouie sous les draps, le dos ancré au corps de sa mère.

Hanna sait maintenant pourquoi, au bout de sa vie, Simone refusait de se retourner. Elle ne voulait pas refaire la route de Québec jusqu'à Kamouraska, pas revoir ces années, pas marcher au bord du fleuve qui lui avait tout donné et tout repris.

Elle devinait qu'un jour sa fille ouvrirait le placard, découvrirait le carton chargé de sa mémoire, le saisirait parmi les autres et le poserait au sol, qu'elle découperait avec soin le ruban adhésif tout autour du couvercle et le soulèverait. Là se cachait son histoire, éparpillée en fragments qu'Hanna reconstituerait, si elle le voulait.

Hanna pourrait rapiécer le temps, comme Simone aurait pu le faire lorsqu'on lui a remis une lettre qu'Antoine lui avait écrite peu avant de commencer à lever l'ancre chaque matin pour rejoindre le large et espérer ne pas revenir. Mais elle n'a jamais voulu l'ouvrir. Jamais savoir. Contrairement à Simone, sa fille voudra peut-être connaître l'histoire entière.

Hanna et Juliette sont retournées à la voiture. Je prends le volant, a dit Juliette. Et elles ont roulé sur la 132 Ouest qui était belle, ce jour-là, la lumière courait sur le fleuve qu'elles longeaient, elles avaient choisi la route lente, celle des navigateurs qui maîtrisent les courants et, soudés aux vents, attendent les marées propices.

Ma mère m'a choisie, dit Juliette, elle m'a confinée dans la chambre de son amour, alors que toi tu dépendais de celui de ton père. C'est vrai, répond Hanna, jusqu'ici j'appartenais à mon père, cet homme qui m'a donné un amour noué à mille conditions. Avec lui, je nageais dans les océans, j'escaladais des montagnes, je voyageais dans les rêves et sur les cartes routières qu'il m'apprenait à lire. Je devais être à la hauteur de ses attentes, nombreuses et élevées. Je n'ai aucun souvenir de m'être amusée avec ma mère, mes jeux ne semblaient pas l'intéresser, elle était là, mais ailleurs. Mon adolescence, je l'ai passée dans les livres, et comme nous n'en avions pas à la maison, j'allais à la bibliothèque, chaque vendredi soir, emprunter ceux que je lirais dans la semaine. Je ne me souviens pas que ma mère m'y ait jamais accompagnée.

Jamais non plus elle ne m'a parlé de poésie, ou lu un de ses poèmes, pas même ces rimes enfantines grâce auxquelles on apprend le nom des arbres et des animaux. Avant d'aller à l'école, je partageais mes journées avec elle à la maison. Le temps s'écoulait, les années passaient. Chaque jour me disait qu'elle était loin, qu'il y avait en elle un espace inoccupé, muet. Elle prenait soin de sa mère, de son frère, de ses sœurs, en plus d'être emmurée dans les tensions permanentes avec Adrien, et cela emplissait la maison, emplissait sa vie. Elle m'aimait, du moins je voulais le croire, elle qui s'efforçait de me protéger contre tous les dangers imaginables. C'est ainsi qu'elle voyait son rôle de mère. Alors j'ai cessé d'attendre, d'espérer que quelque chose d'autre que cet amour inquiet puisse nous relier.

Je viens d'une mère qui n'était pas de la famille qu'elle avait fondée. Et peut-être avait-elle laissé sombrer jusqu'à sa capacité même d'aimer. J'appartenais à mon père, et Simone me le signifiait chaque fois que l'occasion s'offrait – va voir ton père, il va t'emmener, demande à ton père, il va te répondre... Adrien, prends ta fille dans tes bras, lui disait-elle, comme si elle lui présentait un cadeau qu'elle se refusait à elle-même.

Je viens d'une étrangère dans une vie qui n'était pas la sienne. Adrien, espérait-elle, la sauverait du désarroi et lui offrirait un monde. Elle avait rêvé d'une mer sans vagues tendue vers un horizon lisse, elle n'avait trouvé qu'un chemin d'orages jalonné de sacrifices et d'humiliations dans un mariage qui l'enfonçait en pleine solitude, à mesure qu'Adrien s'éloignait d'elle. Impuissant à tenir sa promesse de la soustraire à la souffrance, il profitait de ses voyages d'affaires pour rencontrer des jeunes femmes qu'il s'imaginait rescaper d'une triste vie dans les bars louches qu'il fréquentait assidûment.

VOTRE PROPRE EXISTENCE
EST VOTRE HISTOIRE
LA PLUS VÉRIDIQUE

Depuis l'enfance, Juliette et Hanna partagent ce qu'elles vivent et ce qu'elles ressentent. Le poids familial, mais aussi les joies, les études exigeantes, les amours rompues, celles qui prennent leur envol, le choix d'une vie consacrée à l'art. L'une sait de l'autre ce qu'elle ignore parfois d'elle-même.

Aux mots, Juliette a toujours préféré les huiles et les papiers, la colle, la gouache, les vernis, les textures et la lumière qui les traverse. Contrairement aux mots, dit-elle, leur violence ne peut faire souffrir. Je n'aime rien plus que fouiller dans les brocantes et dénicher des objets hétéroclites qui semblent inutiles et dont la forme n'évoque rien, des objets déposés dans le monde uniquement pour être là.

Parfois, Juliette rapporte de ses promenades quelque chose qu'elle intègre à l'un des tableaux auxquels elle travaille. Un jour, elle a collé sur une gravure des morceaux de feuilles mortes d'une plante ramassée dans une ruelle. Elle récupère tout, son atelier a quelque chose d'une chambre de mémoires. La palette sur laquelle elle mélange les couleurs au médium a-t-elle séché ? Elle arrache alors cette croûte pâteuse, l'écrase puis l'applique sur le coin d'un tableau. Et c'est ce fragment de couleur qui manquait justement.

Maintenant que j'ai marché sur le sable où la vie de ma mère s'est perdue, que j'ai pu ancrer mon histoire à la sienne, lui dit Hanna, je sais que je lui appartiens. Ce vide que je n'ai jamais pu toucher, jamais pu nommer, j'en vois la source, il remonte une rivière de générations, de ma mère à ma grand-mère, et peut-être plus loin encore, la peur et la douleur de perdre se sont immiscées à l'intérieur de moi et se sont mises à couler comme le sang d'un autre corps, d'un autre cœur liés aux miens. Nos vies ressemblent à une forêt dont les arbres visibles ne seraient qu'une part infime – branches et troncs, feuilles et bourgeons – car, peu importe l'espèce, sous la terre un autre monde existe, et les arbres sont reliés les uns aux autres par des racines qui s'entremêlent, une force inapparente qui en fait périr certains et survivre d'autres.

Je sais maintenant, ajoute Hanna, que chaque pas redéfinit le chemin. Nulle force ne nous empêche d'aimer. Et nulle force ne nous empêche de mourir.

J'ai aimé plusieurs fois, et chaque amour trébuchait, se cognait sur une histoire secrète dont j'arrive aujourd'hui à saisir le poids. Comme si toute joie était entravée, illégitime, interdite par une sorte de loyauté dont je ne pouvais me défaire. Ou bien je croyais la vie figée dans la sensation trouble d'avoir perdu quelque chose depuis le début.

Les poèmes rendent-ils plus légère la part qui pèse sur nous ? Sont-ils plus grands que le réel, plus puissants que l'amour pour le transformer, ou sont-ils le réel, l'amour même ?

KAMOURASKA, 1951

CERTAINS JOURS S'INSTALLENT
POUR QUE RIEN NE TRAVERSE
L'HORIZON

Le matin est entré dans la chambre par un mince filet qui a d'abord traversé le jardin. Bientôt, il viendra effleurer la tête de Simone, puis il descendra le long de son cou, et à ce moment, elle ouvrira les yeux, se lèvera et ira à la fenêtre admirer les fleurs. Elle imaginera Antoine encore endormi au creux des draps.

Elle aurait aimé se réveiller à ses côtés chaque matin, savoir, d'une inébranlable certitude, que l'amour a triomphé de la nuit, chaque matin, elle aurait aimé sentir s'immiscer en elle leur désir.

Sur la table de chevet, Simone a posé l'enveloppe que Jeanne a discrètement glissée dans sa main lors des funérailles, après lui avoir dit qu'elle lui remettrait des coupures de journaux qui concernaient Antoine. Jeanne avait trouvé cette enveloppe dans sa chambre, bien en vue sur la commode, impossible de ne pas l'apercevoir lorsqu'elle y était entrée pour la première fois après la mort de son fils, cet enfant qui leur avait été confié à l'âge de quatre ans comme *une fleur inestimable*. Elle savait qu'elle ne pourrait jamais réparer le cœur de son fils et qu'aucun amour ne serait plus fort que celui du dernier regard de son père, Arthur, qui à cet instant l'appelle *Anthony*.

Simone n'ouvre pas l'enveloppe. Elle sent le souffle d'Antoine dans son cou et sur sa poitrine, elle se dit que la mer garde intacte la mémoire des vies qu'elle a englouties.

QUÉBEC, 2018

LE TEMPS RENAÎT

Sur la route du retour, Hanna et Juliette se sont arrêtées à Québec. Hanna voulait revoir la maison de briques rouges où elle est née et qu'elle avait habitée durant son enfance et son adolescence. La rue porte un nom de soleil, c'est donc là, du côté du soleil, que pour Hanna tout avait commencé. Elle était heureuse de ce signe que Juliette lui faisait remarquer.

C'est là qu'elle avait fait ses premiers pas et appris à parler, là qu'elle avait lu et écrit ses premiers mots, qu'elle avait entendu à la télévision le discours de Martin Luther King, vu l'assassinat de John F. Kennedy, puis un homme avait marché sur la Lune, et à partir de ce moment, elle avait compris qu'il y avait d'autres rêves et d'autres histoires, d'autres pays, d'autres planètes. Le monde était plus vaste que la maison où elle vivait.

Dans cette maison rouge avait commencé sa vie. Est-ce là qu'Hanna avait senti que les mots disaient plus que ce qu'elle entendait ? Est-ce là, pour la première fois, qu'elle avait eu envie d'en prendre soin, de les arracher au silence et aux cris qui les mutilaient ?

Il y avait tant de mots, pourtant parmi les plus simples, qu'Hanna ne comprenait pas : *amour, temps, départ,* et même *maison,* même *famille.* Il y avait un autre monde, celui des mots, et c'est peut-être dans cette chambre tapissée de fleurs, à l'étage de la maison rouge, qu'Hanna, pour la première fois, l'a entrevu, qu'elle a pensé : je pourrais l'écrire, comme Juliette s'était dit : je vais le faire exister, cet autre monde, je vais le transformer en tableaux, et ainsi je pourrai l'habiter.

Je raconterai des histoires, car n'est-ce pas ce que nous laissons, des récits ? N'est-ce pas ce qui reste de nos vies, ces histoires de naissance, d'amour et de mort qui en sont le tissu ? Je confierai aux mots cette étrange aventure pour qu'ils lui donnent sens, pensait-elle, ils la garderont vivante, au-delà de nos pas qui s'effaceront, les mots en préserveront la mémoire, et ce qui a été vécu avant moi, je le donnerai à ce qui viendra après moi.

Chacune à sa manière, Hanna et Juliette allaient tout demander à l'art, à la poésie : qu'ils déploient une autre réalité que celle qui cherchait à les enfermer. Mais ce n'est que plus tard, longtemps après avoir quitté sa chambre de fleurs qui entre-temps avaient fané, après avoir refermé la porte de la maison rouge, qu'Hanna a compris que l'écriture ne répare pas les cassures, elle ne fait qu'ouvrir les chemins nécessaires pour se réconcilier avec elles.

L'adolescence de Juliette s'était passée à accumuler les relations qui s'interrompaient au bout de trois, quatre ou six mois. À vingt ans, elle a rencontré Frédéric, garde forestier qui lui a fait découvrir la joie des corps nus au milieu d'un lac, le silence des montagnes en hiver. Huit ans plus tard, leurs chemins se sont séparés. Peu de vent soulève et trop de vent renverse. Elle l'a appris à ce moment-là.

À quatorze ans, Hanna croyait impossible de concilier tous les mondes qu'elle voyait s'ouvrir, et de faire coexister la multitude d'êtres qui l'habitaient. L'enfant d'hier et l'adulte de demain, tantôt l'homme et tantôt la femme, un jour l'urbaine et un autre celle des forêts, d'un côté l'art et la littérature, de l'autre la médecine et le droit, comment choisir un seul chemin, une seule identité, se demandait-elle alors, et comment savoir qui l'on est si l'on ignore de quelle histoire on est né ?

Hanna regardait sa mère, regardait son père, elle avait quatorze ans, dix-sept ans, vingt ans et se disait que l'amour, le couple, la famille, ce devait être cela, cette lutte incessante pour survivre, sans jamais céder, mais en persistant vers une lumière invisible en laquelle il faut croire sans faillir pour exister dans cette chambre obscure. Le soir, elle levait les yeux vers les étoiles qui ne s'éteignaient pas et s'inventait des amours absolues.

À vingt-trois ans, elle s'est mariée. Le matin de la cérémonie, son père lui a demandé si c'était juste pour quitter la maison. Elle a dit *non*. Pour ne pas lui faire de peine. Deux ans plus tard, elle divorçait. Puis elle s'est prise au piège de passions qui l'ont déchirée comme des vents violents, d'amours sans amour, et même lorsque l'amour était là, une ombre à l'intérieur d'elle se mettait à remuer, brouillait la transparence de cet amour, jusqu'à ce qu'on n'y voie plus, et que l'orage balaie l'horizon.

Lorsqu'elle a lu son histoire dans les mots de sa mère, Hanna a senti que la vie lui était enfin donnée entièrement, qu'une intimité nouvelle s'ouvrait en elle, une parole portée par sa voix véritable s'enracinait. Elle a cessé d'avoir peur de ce vide qui surgissait de nulle part, impossible à nommer.

Un jour, la courbe des vents s'accentue, et tout ce qui a disparu peu à peu le long des ans reparaît. Hanna ne pouvait rendre sa mère heureuse, sa présence n'a rien effacé, elle ne pouvait combler l'absence de l'être qui a manqué à chacun des jours, avec qui elle a sombré, une nuit du printemps 1949, comme lui-même avait glissé dans l'obscurité, avec son père et sa mère, une nuit du printemps 1914. D'une vie à une autre, il n'y a pas de fin. Nous dénouons, nous réparons ce que nous pouvons.

Hanna ferme les yeux, elle ne voit plus la maison rouge et le jardin de l'enfant qu'elle a été, mais un océan bleu, et du fond de cet océan, elle se met à remonter à la surface. Elle croit reconnaître *Le Paradis* de Tintoret, ce tableau qui l'avait tant saisie quand elle l'avait vu à Venise, alors qu'elle remonte lentement à la surface de sa vie.

ÉCRIRE AU-DESSUS DES RIVIÈRES

Les nuages commencent à casser. Hanna tient maintenant entre ses mains l'histoire qui la séparait de Simone. Elle voit l'homme des jours et l'homme de la nuit dans le cœur de sa mère, les ombres qui, en aveugle, ont remonté la rivière et l'ont dévoré comme une grande marée. Son amour pour Antoine a traversé son existence entière, intact, semblable à une vague qui ne trouve aucune rive, aucun rocher pour la réfréner. Au-dessus de la maison de briques rouges, des fragments de bleu se fraient un chemin.

La poésie est entrée par le silence et le sang dans les yeux et la bouche d'Hanna, elle peut maintenant recracher les tempêtes qui ont broyé la maison de l'enfance, empêché sa vie de s'abriter sous le regard de sa mère, de se construire à l'abri des appétits de son père.

Combien de jours vivrons-nous ?

Surtout, combien de jours passeront sans qu'on soit engourdi par les ans, éteint au milieu d'une suite de pas sans rêves ? Où va cette marche humaine que secouent les tempêtes ? Pouvons-nous faire vivre le monde qui nous habite à travers ceux qui nous précèdent ? Ou ne devenons-nous avec le temps que les survivants d'une multitude de naufrages ?

Il semblerait que plus on vieillit, plus les réponses nous échappent. Peut-être aussi qu'elles nous importent moins. On marche dans une forêt où la plupart des arbres se dressent vers le ciel, où certains se sont appuyés contre d'autres pour refaire leurs forces, quelques-uns sont morts déjà, il y a eu des nuits si noires que l'on ne savait plus comment avancer, il y a eu les brumes légères, les tempêtes de glace, il y a eu les saisons, les rêves et les tourments, les amours et les amitiés brisées, parfois retrouvées.

Surtout, il y a eu cette clarté entre les arbres. Ce chemin, on a appris à le voir, à le suivre aussi. Où que l'on soit, un ruisseau rejoindra la rivière où court le présent, un fleuve et un océan finiront par emporter nos absents, ils laissent s'écouler le temps et nos histoires. Le poème est peut-être l'instant ténu et précieux où se forme une fine glace à la surface d'un cours d'eau, qu'un rayon trop vif pourrait déchirer,

comme une flamme qui se penche et bondit,
comme des vagues de sons se succèdent,
poignantes comme le souvenir du premier amour,
ce qui est passé, ce qui est perdu,

ce qui jamais ne sera entrevu
entre l'à venir et le disparu.

Lorsque Hanna retourne vers la voiture où l'attend Juliette, elle sait qu'elle s'est extirpée de sa carapace ancienne, qu'elle a maintenant trouvé ce qui manquait pour intégrer une nouvelle demeure. Elle ne sera pas que la rescapée d'un amour qui a traversé la vie de sa mère jusqu'à sa fin.

Au-dessus de la maison de briques rouges, le ciel s'est éclairci. Les oiseaux commencent à voler.

Hanna ouvre la portière arrière de la voiture, elle soulève le couvercle de la boîte et prend l'enveloppe cachetée qui contient la lettre d'Antoine. Elle s'assoit sur le siège, déchire avec précaution le pli scellé, en retire la feuille de papier que le temps a froissée.

Elle lit les mots qui racontent la lente chute vers le désespoir. Antoine parle de la cassure qu'il ressent depuis qu'il a quatre ans. Il décrit la souffrance qu'il éprouve à se réveiller chaque matin avec le regard de son père enfoncé dans le sien, puis les heures qui suivent, la sensation d'être un étranger dans cette vie qui ne devrait même pas être, et à laquelle rien ne peut donner sens.

Hanna lit les mots d'Antoine qui ne peut supporter la vue du ventre de Simone qui s'arrondit, il ne peut s'imaginer devenir père à son tour, enfoncer ses yeux dans ceux de cet enfant auquel la femme qu'il aime donnera la vie, trois mois plus tard, un enfant qui aura le sang d'un survivant ayant fait naufrage lui aussi, une nuit de mai 1914.

Hanna lit ces mots que sa mère n'a pu se résoudre à lire.

Une vague se forme au loin. De quel brouillard surgit-elle, et quelle hauteur aura-t-elle atteinte lorsqu'elle rejoindra la berge où Simone marche vers sa fille, la regardant déchirer un autre des voiles qui les relient ? Hanna reçoit ainsi, intact, le secret qui, pareil à une bouée sans ancrage, a remonté les eaux troubles du fleuve jusqu'à elle.

Simone prend la main de sa fille. Ensemble elles avancent vers le large. Leur douleur surplombe le fleuve, ne sait plus d'où viennent les vagues ni où va la lumière. L'absence s'est changée en une étendue bleue qui jamais ne se refermera.

Le titre de ce roman est tiré d'un poème d'Yves Bonnefoy, et certains des titres de chapitres sont des citations :

Vivre, c'est suivre les traces de l'enfant qu'on a été, Marc Alexandre Oho Bambe
Retourner chez soi (là où on raconte sa chasse, sa course, sa cueillette, son origine), Pascal Quignard
Le monde de l'enfance est une nacelle suspendue à l'attente qu'arrive quelque chose, Anne Dufourmantelle
Il y a cette lumière qui tombe, Eugénio de Andrade
On plante son monde quelque part, ailleurs ou pas, Silvia Baron Supervielle
Un souffle d'eau dans le noir, Anne Hébert
Le pourtour du cœur est nuageux, Chen Yuhong
Les ténèbres étaient déjà tombées, Carlos Drummond de Andrade
Rien ne se comprend sans enlacement, Richard Texier
Un ciel à moitié achevé, Tomas Tranströmer
Au bout de la souffrance, il y avait une porte, Louise Glück
On n'apprend jamais complètement à perdre pied, Chantal Thomas

Je suis parti plonger dans le trou noir de vivre, Marc Alexandre Oho Bambe

Et j'ai vu le déclin du jour et la chute de l'arbre, Gabrielle Wittkop

Comme le nuage choisit le paysage, Carlos Drummond de Andrade

La nuit a eu le temps de tomber, Tomas Tranströmer

Il y avait sur l'eau un peu plus de lumière, William Faulkner

D'abord il y a deux routes. C'est le coït qui les rassemble. Puis il y a trois routes, Pascal Quignard

Comment faire pour que vieillir, ce soit renaître ?, Yves Bonnefoy

L'heure où nous glace le souffle des étoiles éteintes, Wislawa Szymborska

Comment garder audible l'espérance dans le tumulte, Yves Bonnefoy

Je ne sais pas, *ces petits mots aux ailes puissantes*, Wislawa Szymborska

Tandis que je m'en irai, sans destination, Carlos Drummond de Andrade

Le soleil prenait de la hauteur, Virginia Woolf

Est fragile ce qui peut se briser, Littré

Maintenant tu sais où et quand ces amours furent créées, et comment, Dante

Votre propre existence est votre histoire la plus véridique, Jim Harrison

Certains jours s'installent pour que rien ne traverse l'horizon, Ann Lauterbach

Le temps renaît, Pascal Quignard

Des extraits de poèmes de Rainer Maria Rilke (p. 16), Charles Baudelaire (p. 17), Dante (p. 82),

Hector de Saint-Denys Garneau (p. 132), Olga Votsi (p. 154) et Kathleen Raine (p. 188-189) se sont glissés dans ce roman.

Des pièces musicales ont accompagné l'écriture et les relectures de mon roman, comme si se trouvaient incarnés là des rythmes, des accords, des tonalités de l'écriture.

Pour les partager, j'ai regroupé ces pièces dans une liste de lecture que vous pouvez trouver sur Spotify et Apple en recherchant « Pas même le bruit d'un fleuve » ou « Hélène Dorion ».

Parmi ces musiques :

Max Richter, « On The Nature Of Daylight », « The Blue Notebooks », « Dream 1 », « Mrs Dalloway: In The Garden »
Rauelsson, « Fluvial », « Wave In »
Moon Ate The Dark, « She / Swimming », « Messy Hearts »
Ólafur Arnalds, « Reminiscence », « Verses », « Pu ert jördin », « Only The Winds »
Jóhann Jóhannsson, « Flight From The City », « The Drowned World », « A Deal With Chaos »
Nils Frahm, « Immerse! », « Four Hands », « Went Missing », « Doria – Island Songs VII », « All Armed »
Armand Amar, « Save Us »
Yansimalar, « Ares »
Henryk Górecki, « Symphonie n° 3 »
Pēteris Vasks, « Quatuor à cordes n° 4 », « V. Meditation »
Philip Glass, « The Poet Acts », « Metamorphosis II », « Quatuor à cordes n° 3 », « Mishima »

Sigur Rós, « Ágætis byrjun »
Esmerine, « The Space In Between »
Oiseaux-Tempête, « Notes From The Mediterranean Sea », « Bab Sharqi », « Aslan Sütü (Santé, Vieux-Monde !) »
Godspeed You! Black Emperor, « Storm »
Laurie Anderson, « The Water Rises », « Our Street Is A Black River », « Gongs And Bells Sing »

MES REMERCIEMENTS

aux Éditions Alto qui ont publié la première édition de ce roman, et tout particulièrement à Antoine Tanguay pour sa lecture attentive et pour notre dialogue stimulant émaillé de partages d'images et de musiques,
à Dominique Fortier pour la justesse de sa relecture et son regard sensible,
aux éditions Le mot et le reste qui, par le biais de cette édition en France, donnent à mon roman une nouvelle vie,
à mes proches pour tant de choses qui laissent leur empreinte dans mes livres.

Kamouraska, 1949	11
Montréal, 2018	19
Québec, 1947	37
Montréal, 2018	43
Route 132 vers Kamouraska, 2018	65
Québec, 1948	69
Les Éboulements, 1949	77
Kamouraska, 2018	83
Kamouraska, 1949	89
Québec, 1952	93
Kamouraska, 2018	107
Québec, 1958	117
Kamouraska, 2018	123
Sainte-Luce-sur-Mer, 1914	135
Pointe-au-Père, 2018	141
Les Éboulements, 1949	149
Pointe-au-Père, 2018	155
Kamouraska, 1949	159
Route 132 vers Montréal, 2018	163
Kamouraska, 1951	175
Québec, 2018	179

DE LA MÊME AUTRICE

Poésie

L'INTERVALLE PROLONGÉ *suivi de* LA CHUTE REQUISE, Éditions du Noroît, 1983

HORS CHAMP, Éditions du Noroît, 1985

LES RETOUCHES DE L'INTIME, Éditions du Noroît, 1987

LES CORRIDORS DU TEMPS, Les Écrits des Forges, 1988

UN VISAGE APPUYÉ CONTRE LE MONDE, *1re éd. Le Noroît / Le Dé bleu, 1990*, nouvelle éd., Éditions du Noroît, 2001

LE VENT, LE DÉSORDRE, L'OUBLI, Éditions L'Horizon vertical, 1991

LES ÉTATS DU RELIEF, coédition Le Noroît / Le Dé bleu, 1991

L'ISSUE, LA RÉSONANCE DU DÉSORDRE, *1re éd. L'Arbre à Paroles, 1993*, Éditions du Noroît, 1994 (nouvelle éd. *L'issue, la résonnance du désordre* suivi de *L'Empreinte du bleu*, Éditions du Noroît, 1999)

PASSERELLES, POUSSIÈRES, Éditions Im Wald, 2000

FENÊTRES DU TEMPS, *en collaboration avec Marie-Claire Bancquart, Éditions Trait d'Union, 2000*

D'ARGILE ET DE SOUFFLE, anthologie préparée par Pierre Nepveu, Éditions Typo, 2002

MONDES FRAGILES, CHOSES FRÊLES, *Poèmes 1983-*2000, Éditions de l'Hexagone, 2006

CŒURS, COMME LIVRES D'AMOUR, *1re éd. L'Hexagone, 2012*, Éditions Bruno Doucey, 2023

COMME RÉSONNE LA VIE, Éditions Bruno Doucey, 2018

MES FORÊTS, Éditions Bruno Doucey, 2021 (collection de poche, 2023)

RAVIR : LES LIEUX *suivi de* LE HUBLOT DES HEURES, nouvelle éd., Éditions Typo, 2023

Romans et récits

RECOMMENCEMENTS, Éditions Druide, 2014

LE TEMPS DU PAYSAGE, *avec des photographiques d'Hélène Dorion*, Éditions Druide, 2016

JOURS DE SABLE, nouvelle éd., Éditions Druide, 2018

L'ÉTREINTE DES VENTS, nouvelle éd., Éditions Druide, 2018

PAS MÊME LE BRUIT D'UN FLEUVE, Éditions Alto, 2020, Éditions Le Mot et le Reste, 2022 (Folio n° xxxx)

Essai

SOUS L'ARCHE DU TEMPS, nouvelle éd., Éditions Typo, 2013

Livret d'opéra

YOURCENAR – UNE ÎLE DE PASSIONS, *écrit avec Marie-Claire Blais*, Éditions de l'Homme, 2022

Album jeunesse

LA VIE BERCÉE, *illustrations de Janice Nadeau*, Les 400 Coups, 2006

COLLECTION FOLIO

Dernières parutions

7061.	Jacky Durand	*Marguerite*
7062.	Gianfranco Calligarich	*Le dernier été en ville*
7063.	Iliana Holguín Teodorescu	*Aller avec la chance*
7064.	Tommaso Melilli	*L'écume des pâtes*
7065.	John Muir	*Un été dans la Sierra*
7066.	Patrice Jean	*La poursuite de l'idéal*
7067.	Laura Kasischke	*Un oiseau blanc dans le blizzard*
7068.	Scholastique Mukasonga	*Kibogo est monté au ciel*
7069.	Éric Reinhardt	*Comédies françaises*
7070.	Jean Rolin	*Le pont de Bezons*
7071.	Jean-Christophe Rufin	*Le flambeur de la Caspienne. Les énigms d'Aurel le Consul*
7072.	Agathe Saint-Maur	*De sel et de fumée*
7073.	Leïla Slimani	*Le parfum des fleurs la nuit*
7074.	Bénédicte Belpois	*Saint Jacques*
7075.	Jean-Philippe Blondel	*Un si petit monde*
7076.	Caterina Bonvicini	*Les femmes de*
7077.	Olivier Bourdeaut	*Florida*
7078.	Anna Burns	*Milkman*
7079.	Fabrice Caro	*Broadway*
7080.	Cecil Scott Forester	*Le seigneur de la mer. Capitaine Hornblower*
7081.	Cecil Scott Forester	*Lord Hornblower. Capitaine Hornblower*
7082.	Camille Laurens	*Fille*
7083.	Étienne de Montety	*La grande épreuve*
7084.	Thomas Snégaroff	*Putzi. Le pianiste d'Hitler*

7085.	Gilbert Sinoué	*L'île du Couchant*
7086.	Federico García Lorca	*Aube d'été et autres impressions et paysages*
7087.	Franz Kafka	*Blumfeld, un célibataire plus très jeune et autres textes*
7088.	Georges Navel	*En faisant les foins et autres travaux*
7089.	Robert Louis Stevenson	*Voyage avec un âne dans les Cévennes*
7090.	H. G. Wells	*L'Homme invisible*
7091.	Simone de Beauvoir	*La longue marche*
7092.	Tahar Ben Jelloun	*Le miel et l'amertume*
7093.	Shane Haddad	*Toni tout court*
7094.	Jean Hatzfeld	*Là où tout se tait*
7095.	Nathalie Kuperman	*On était des poissons*
7096.	Hervé Le Tellier	*L'anomalie*
7097.	Pascal Quignard	*L'homme aux trois lettres*
7098.	Marie Sizun	*La maison de Bretagne*
7099.	Bruno de Stabenrath	*L'ami impossible. Une jeunesse avec Xavier Dupont de Ligonnès*
7100.	Pajtim Statovci	*La traversée*
7101.	Graham Swift	*Le grand jeu*
7102.	Charles Dickens	*L'Ami commun*
7103.	Pierric Bailly	*Le roman de Jim*
7104.	François Bégaudeau	*Un enlèvement*
7105.	Rachel Cusk	*Contour. Contour – Transit – Kudos*
7106.	Éric Fottorino	*Marina A*
7107.	Roy Jacobsen	*Les yeux du Rigel*
7108.	Maria Pourchet	*Avancer*
7109.	Sylvain Prudhomme	*Les orages*
7110.	Ruta Sepetys	*Hôtel Castellana*
7111.	Delphine de Vigan	*Les enfants sont rois*
7112.	Ocean Vuong	*Un bref instant de splendeur*
7113.	Huysmans	*À Rebours*
7114.	Abigail Assor	*Aussi riche que le roi*
7115.	Aurélien Bellanger	*Téléréalité*

7116.	Emmanuel Carrère	*Yoga*
7117.	Thierry Laget	*Proust, prix Goncourt. Une émeute littéraire*
7118.	Marie NDiaye	*La vengeance m'appartient*
7119.	Pierre Nora	*Jeunesse*
7120.	Julie Otsuka	*Certaines n'avaient jamais vu la mer*
7121.	Yasmina Reza	*Serge*
7122.	Zadie Smith	*Grand Union*
7123.	Chantal Thomas	*De sable et de neige*
7124.	Pef	*Petit éloge de l'aéroplane*
7125.	Grégoire Polet	*Petit éloge de la Belgique*
7126.	Collectif	*Proust-Monde. Quand les écrivains étrangers lisent Proust*
7127.	Victor Hugo	*Carnets d'amour à Juliette Drouet*
7128.	Blaise Cendrars	*Trop c'est trop*
7129.	Jonathan Coe	*Mr Wilder et moi*
7130.	Jean-Paul Didierlaurent	*Malamute*
7131.	Shilpi Somaya Gowda	*« La famille »*
7132.	Elizabeth Jane Howard	*À rude épreuve. La saga des Cazalet II*
7133.	Hédi Kaddour	*La nuit des orateurs*
7134.	Jean-Marie Laclavetine	*La vie des morts*
7135.	Camille Laurens	*La trilogie des mots*
7136.	J.M.G. Le Clézio	*Le flot de la poésie continuera de couler*
7137.	Ryoko Sekiguchi	*961 heures à Beyrouth (et 321 plats qui les accompagnent)*
7138.	Patti Smith	*L'année du singe*
7139.	George R. Stewart	*La Terre demeure*
7140.	Mario Vargas Llosa	*L'appel de la tribu*
7141.	Louis Guilloux	*O.K., Joe !*
7142.	Virginia Woolf	*Flush*
7143.	Sénèque	*Tragédies complètes*
7144.	François Garde	*Roi par effraction*
7145.	Dominique Bona	*Divine Jacqueline*

7146.	Collectif	*SOS Méditerranée*
7147.	Régis Debray	*D'un siècle l'autre*
7148.	Erri De Luca	*Impossible*
7149.	Philippe Labro	*J'irais nager dans plus de rivières*
7150.	Mathieu Lindon	*Hervelino*
7151.	Amos Oz	*Les terres du chacal*
7152.	Philip Roth	*Les faits. Autobiographie d'un romancier*
7153.	Roberto Saviano	*Le contraire de la mort*
7154.	Kerwin Spire	*Monsieur Romain Gary. Consul général de France*
7155.	Graham Swift	*La dernière tournée*
7156.	Ferdinand von Schirach	*Sanction*
7157.	Sempé	*Garder le cap*
7158.	Rabindranath Tagore	*Par les nuées de Shrâvana et autres poèmes*
7159.	Urabe Kenkô et Kamo no Chômei	*Cahiers de l'ermitage*
7160.	David Foenkinos	*Numéro deux*
7161.	Geneviève Damas	*Bluebird*
7162.	Josephine Hart	*Dangereuse*
7163.	Lilia Hassaine	*Soleil amer*
7164.	Hervé Le Tellier	*Moi et François Mitterrand*
7165.	Ludmila Oulitskaïa	*Ce n'était que la peste*
7166.	Daniel Pennac	*Le cas Malaussène I Ils m'ont menti*
7167.	Giuseppe Santoliquido	*L'été sans retour*
7168.	Isabelle Sorente	*La femme et l'oiseau*
7169.	Jón Kalman Stefánsson	*Ton absence n'est que ténèbres*
7170.	Delphine de Vigan	*Jours sans faim*
7171.	Ralph Waldo Emerson	*La Nature*
7172.	Henry David Thoreau	*Sept jours sur le fleuve*
7173.	Honoré de Balzac	*Pierrette*
7174.	Karen Blixen	*Ehrengarde*
7175.	Paul Éluard	*L'amour la poésie*
7176.	Franz Kafka	*Lettre au père*
7177.	Jules Verne	*Le Rayon vert*

7178.	George Eliot	*Silas Marner. Le tisserand de Raveloe*
7179.	Gerbrand Bakker	*Parce que les fleurs sont blanches*
7180.	Christophe Boltanski	*Les vies de Jacob*
7181.	Benoît Duteurtre	*Ma vie extraordinaire*
7182.	Akwaeke Emezi	*Eau douce*
7183.	Kazuo Ishiguro	*Klara et le Soleil*
7184.	Nadeije Laneyrie-Dagen	*L'étoile brisée*
7185.	Karine Tuil	*La décision*
7186.	Bernhard Schlink	*Couleurs de l'adieu*
7187.	Gabrielle Filteau-Chiba	*Sauvagines*
7188.	Antoine Wauters	*Mahmoud ou la montée des eaux*
7189.	Guillaume Aubin	*L'arbre de colère*
7190.	Isabelle Aupy	*L'homme qui n'aimait plus les chats*
7191.	Jean-Baptiste Del Amo	*Le fils de l'homme*
7192.	Astrid Eliard	*Les bourgeoises*
7193.	Camille Goudeau	*Les chats éraflés*
7194.	Alexis Jenni	*La beauté dure toujours*
7195.	Edgar Morin	*Réveillons-nous !*
7196.	Marie Richeux	*Sages femmes*
7197.	Kawai Strong Washburn	*Au temps des requins et des sauveurs*
7198.	Christèle Wurmser	*Même les anges*
7199.	Alix de Saint-André	*57 rue de Babylone, Paris 7ᵉ*
7200.	Nathacha Appanah	*Rien ne t'appartient*
7201.	Anne Guglielmetti	*Deux femmes et un jardin*
7202.	Lawrence Hill	*Aminata*
7203.	Tristan Garcia	*Âmes. Histoire de la souffrance I*
7204.	Elsa Morante	*Mensonge et sortilège*
7205.	Claire de Duras	*Œuvres romanesques*
7206.	Alexandre Dumas	*Les Trois Mousquetaires. D'Artagnan*
7207.	François-Henri Désérable	*Mon maître et mon vainqueur*
7208.	Léo Henry	*Hildegarde*

7209.	Elizabeth Jane Howard	*Confusion. La saga des Cazalet III*
7210.	Arthur Larrue	*La diagonale Alekhine*
7211.	Hervé Le Tellier	*Inukshuk, l'homme debout*
7212.	Jean-Christophe Rufin	*La princesse au petit moi. Les énigmes d'Aurel le Consul*
7213.	Yannick Bestaven	*Mon tour du monde en 80 jours*
7214.	Hisham Matar	*Un mois à Sienne*
7215.	Paolo Rumiz	*Appia*
7216.	Victor Hugo	*Préface de* Cromwell
7217.	François-René de Chateaubriand	*Atala* suivi de *René*
7218.	Victor Hugo	*Le Rhin*
7219.	Platon	*Apologie de Socrate*
7220.	Maurice Merleau-Ponty	*Le doute de Cézanne*
7221.	Anne Delaflotte Mehdevi	*Le livre des heures*
7222.	Milena Busquets	*Gema*
7223.	Michel Butor	*Petite histoire de la littérature française*
7224.	Marie Darrieussecq	*Pas dormir*
7225.	Jacky Durand	*Plus on est de fous plus on s'aime*
7226.	Cecil Scott Forester	*Hornblower aux Antilles. Capitaine Hornblower*
7227.	Mia Kankimäki	*Ces héroïnes qui peuplent mes nuits*
7228.	François Noudelmann	*Les enfants de Cadillac*
7229.	Laurine Roux	*L'autre moitié du monde*
7230.	Robert Seethaler	*Le dernier mouvement*
7231.	Gilbert Sinoué	*Le Bec de Canard*
7232.	Leïla Slimani	*Regardez-nous danser. Le pays des autres, 2*
7233.	Jack London	*Le Loup des mers*
7234.	Tonino Benacquista	*Porca miseria*
7235.	Daniel Cordier	*La victoire en pleurant. Alias Caracalla 1943-1946*
7236.	Catherine Cusset	*La définition du bonheur*

7237.	Kamel Daoud	*Meursault, contre-enquête*
7238.	Marc Dugain	*La volonté*
7239.	Alain Finkielkraut	*L'après littérature*
7240.	Raphaël Haroche	*Une éclipse*
7241.	Laura Kasischke	*À Suspicious River*
7242.	Étienne Kern	*Les envolés*
7243.	Alexandre Labruffe	*Wonder Landes*
7244.	Virginie Ollagnier	*Ils ont tué Oppenheimer*
7245.	John Steinbeck	*Des souris et des hommes*
7246.	Collectif	*La poésie à vivre. Paroles de poètes*
7247.	Gisèle Halimi	*Plaidoirie pour l'avortement*
7248.	Gustave Flaubert	*Récits de jeunesse*
7249.	Santiago H. Amigorena	*Le premier exil*
7250.	Fabrice Caro	*Samouraï*
7251.	Raphaël Confiant	*La muse ténébreuse de Charles Baudelaire*
7252.	Annie Ernaux	*L'autre fille*
7253.	Margaret Kennedy	*Le festin*
7254.	Zoé Oldenbourg	*Argile et cendres*
7255.	Julie Otsuka	*Quand l'empereur était un dieu*
7256.	Pascal Quignard	*L'amour la mer*
7257.	Salman Rushdie	*Grimus*
7258.	Antoine Wauters	*Le musée des contradictions*
7259.	Nathalie Azoulai	*La fille parfaite*
7260.	Claire Castillon	*Son empire*
7261.	Sophie Chauveau	*Journal intime de la Vierge Marie*
7262.	Éric Fottorino	*Mohican*
7263.	Abdulrazak Gurnah	*Paradis*
7264.	Anna Hope	*Le Rocher blanc*
7265.	Maylis de Kerangal	*Canoës*
7266.	Anaïs LLobet	*Au café de la ville perdue*
7267.	Akira Mizubayashi	*Reine de cœur*
7268.	Ron Rash	*Une terre d'ombre*
7269.	Yasmina Reza	*Théâtre II*
7270.	Emmanuelle Salasc	*Hors gel*

*Tous les papiers utilisés pour les ouvrages
des collections Folio sont certifiés
et proviennent de forêts gérées durablement.*

*Composition Nord Compo
Impression Maury Imprimeur
45330 Malesherbes
le 16 février 2024
Dépôt légal : février 2024
N° d'impression : 276168*

ISBN 978-2-07-304139-5 / Imprimé en France

616373